50
dibujos de
perros

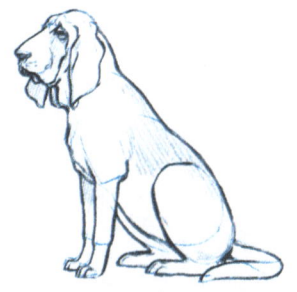

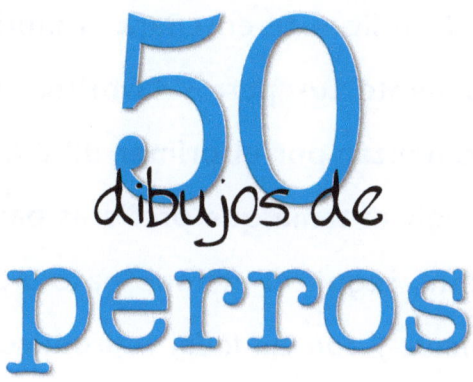

50 dibujos de perros

Aprende a dibujar paso a paso Beagles,
Collies, Bull Terriers, Mastines
y muchas otras razas caninas

Lee J. Ames

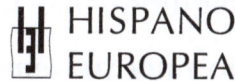

HISPANO
EUROPEA

Al lector

Este libro te enseñará el modo de dibujar fácilmente tus perros favoritos. No es necesario comenzar por el primer dibujo, ya que puedes elegir el tema que prefieras para, una vez decidido, seguir el método paso a paso. *Muy ligeramente y con cuidado*, reproduce el primer paso. Con el mismo trazo ligero y con sumo cuidado, pasa al segundo paso, y después al tercero y los siguientes.

Quizá te parezca extraño que se te pida que prestes tanta atención cuando dibujes los primeros pasos, aparentemente tan sencillos, pero la razón de nuestra insistencia es que un error en esta fase puede arruinar el conjunto del dibujo.

No estudies solamente los trazos, sino también los espacios entre ellos. Aprovecha los primeros pasos para llenar estéticamente tu página, con el fin de que tu dibujo no sea demasiado grande ni demasiado pequeño.

Es útil colocar tu dibujo delante de un espejo de vez en cuando. Frecuentemente esa imagen revela distorsiones, que de otro modo no podrías observar.

Te darás cuenta de que los añadidos en cada nuevo paso son de trazo más intenso, a fin de que puedas seguirlos más fácilmente. Pero continúa dibujando muy suavemente. La goma de borrar te servirá para eliminar un trazo de lápiz demasiado acentuado.

Cuando hayas terminado el dibujo, y te hayas asegurado de que todo está a tu gusto, puedes repasarlo intensamente con el lápiz o, si lo prefieres, con tinta (aplicada con un pincel fino o una pluma) o también con bolígrafo. Cuando esté bien seco, puedes borrar los trazos de lápiz.

Quizás al principio encuentres difícil dibujar rectángulos, triángulos o círculos básicos, o simplemente colocar el trazo donde deseas. No te desanimes. Cuanto más practiques, más desarrollarás el control de tu mano. Al principio también puedes utilizar un compás o una regla.

Recuerda que hay otros métodos para dibujar. Esta obra te enseña uno, pero ¿por qué no buscas otros métodos y otras maneras para realizar tus dibujos?

Lee J. Ames

A los educadores

El dibujo, como cualquier otro arte, exige práctica y disciplina. Eso no quiere decir que no obtengas recompensas en cada etapa.

"¡Pedro sabe dibujar los perros mejor que nadie!" Se trata sin duda de un elogio estimulante. Los métodos contemporáneos de enseñanza de las técnicas artísticas (libertad de expresión, experimentación y autoevaluación de competencias y madurez) permiten un enfoque interesante que deberíamos apreciar.

Sin embargo, las ideas nuevas no deben excluir totalmente a las ya comprobadas. Una de ellas es el "Sígueme paso a paso". En mi juventud, este método era tan corriente y tan frecuentemente exclusivo, que el estudiante era meramente una extensión pantográfica de su profesor. No obstante, se aplicó de manera exagerada.

Esto no significa que una mano joven no deba ser guiada nunca. Al contrario, la guía específica es fundamental. El método paso a paso que produce resultados satisfactorios es precioso, aunque los medios para llevarlo a cabo no sean comprendidos completamente por el alumno.

Al músico aprendiz se le enseña frecuentemente a tocar en seguida melodías muy sencillas con su instrumento, antes de aprender la teoría elemental de la música. La autosatisfacción y el orgullo consiguientes pueden ser medios importantes para fomentar la motivación. Y todo ello por imitación del maestro, con el lema de "Haz como yo..."

La imitación es indispensable para el desarrollo de la creatividad. Aprendemos a utilizar nuestros utensilios por imitación y, una vez adquirida maestría, podemos ser creativos. A este efecto, ofrezco al futuro artista la posibilidad de memorizar o de imitar la "fabricación de dibujos", de ilustraciones que, más de una vez, ha soñado que podría realizar.

Todos aquéllos que desean progresar deberían utilizar esta obra hasta el punto de que un amigo pudiera decir: "Pedro sabe dibujar los perros mejor que nadie".

Lee J. Ames

Indice

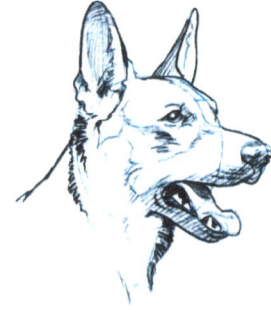

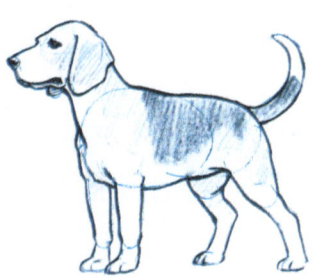

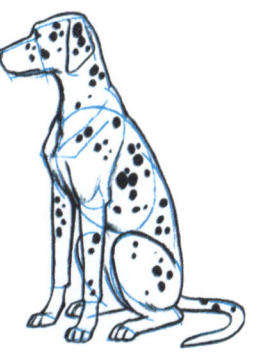

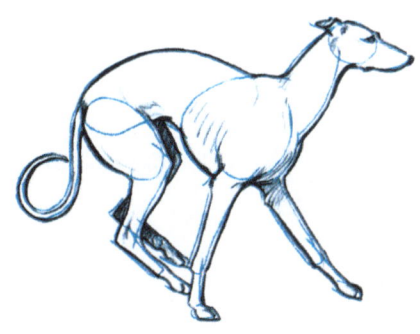

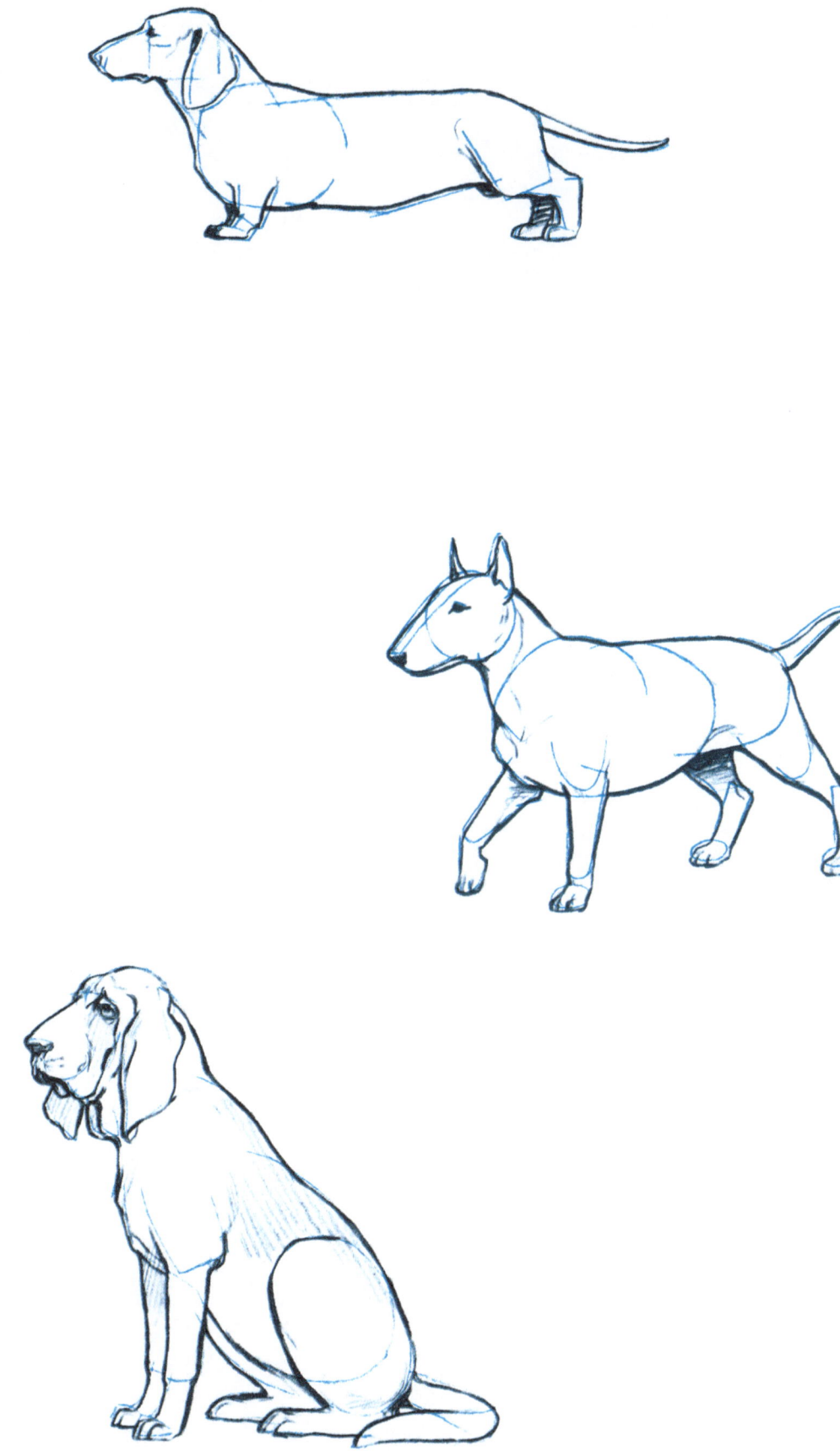

Beagles, Collies, Bull Terriers y otras razas

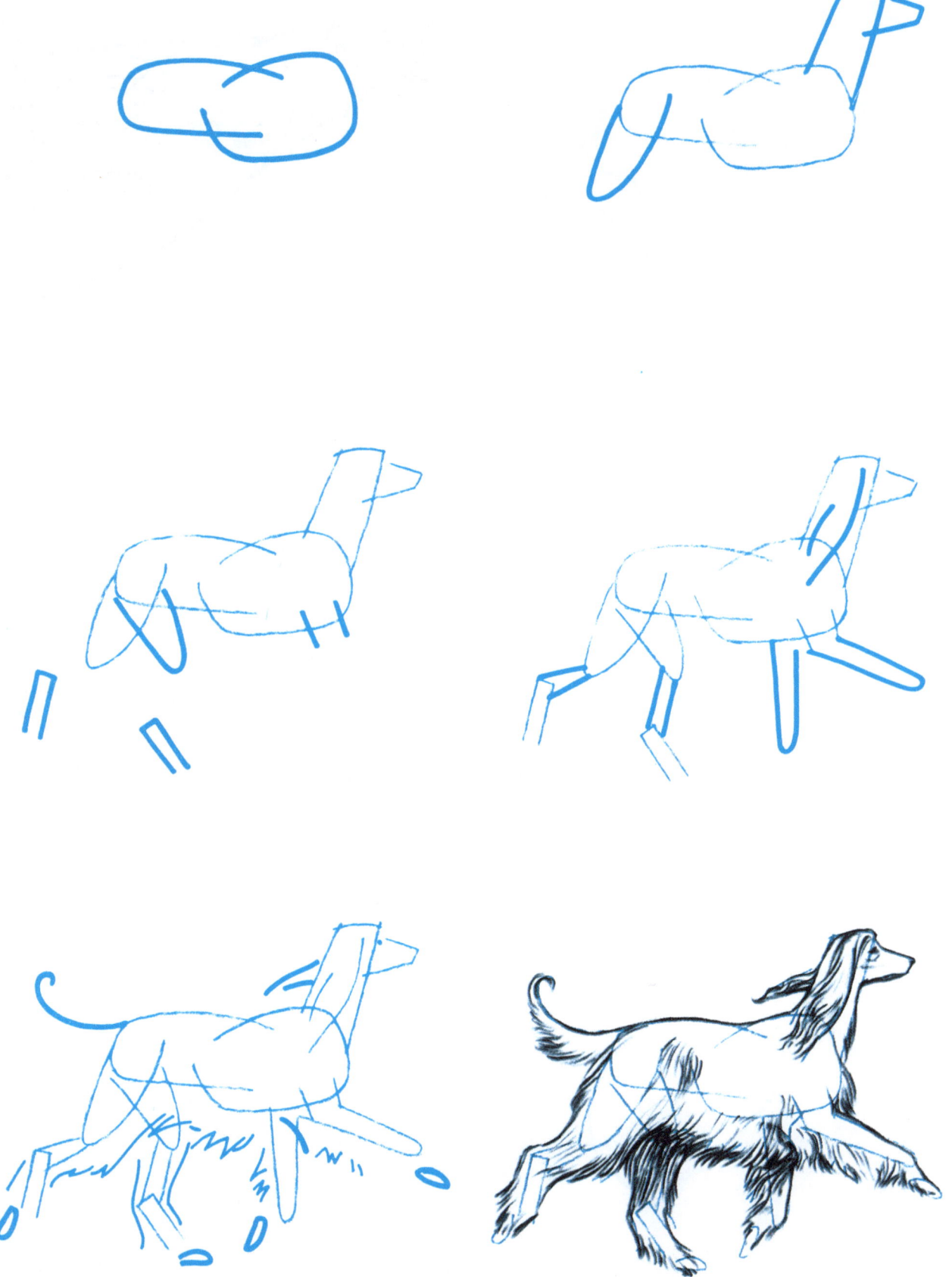

13 Galgo Afgano

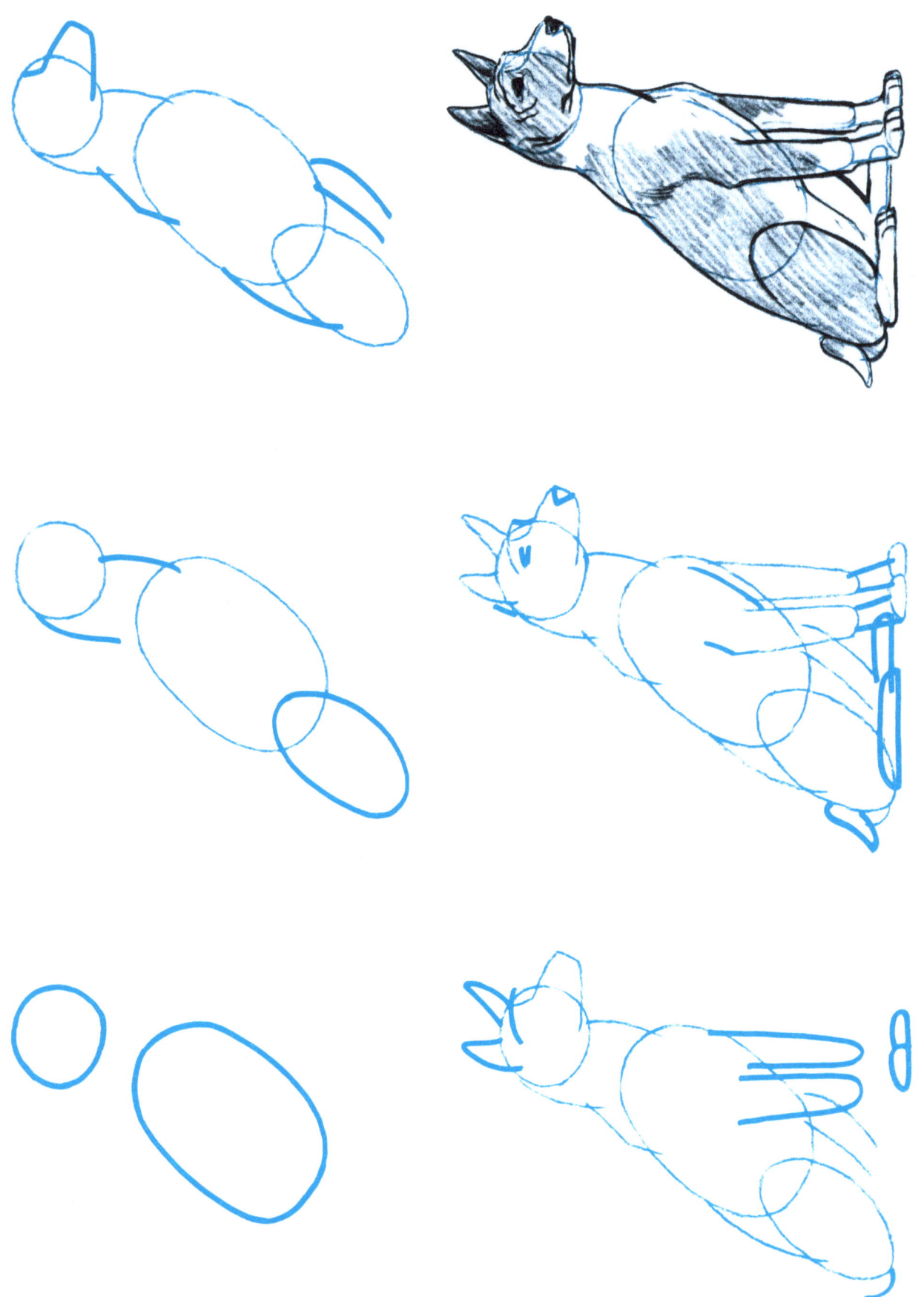

14 Basenji

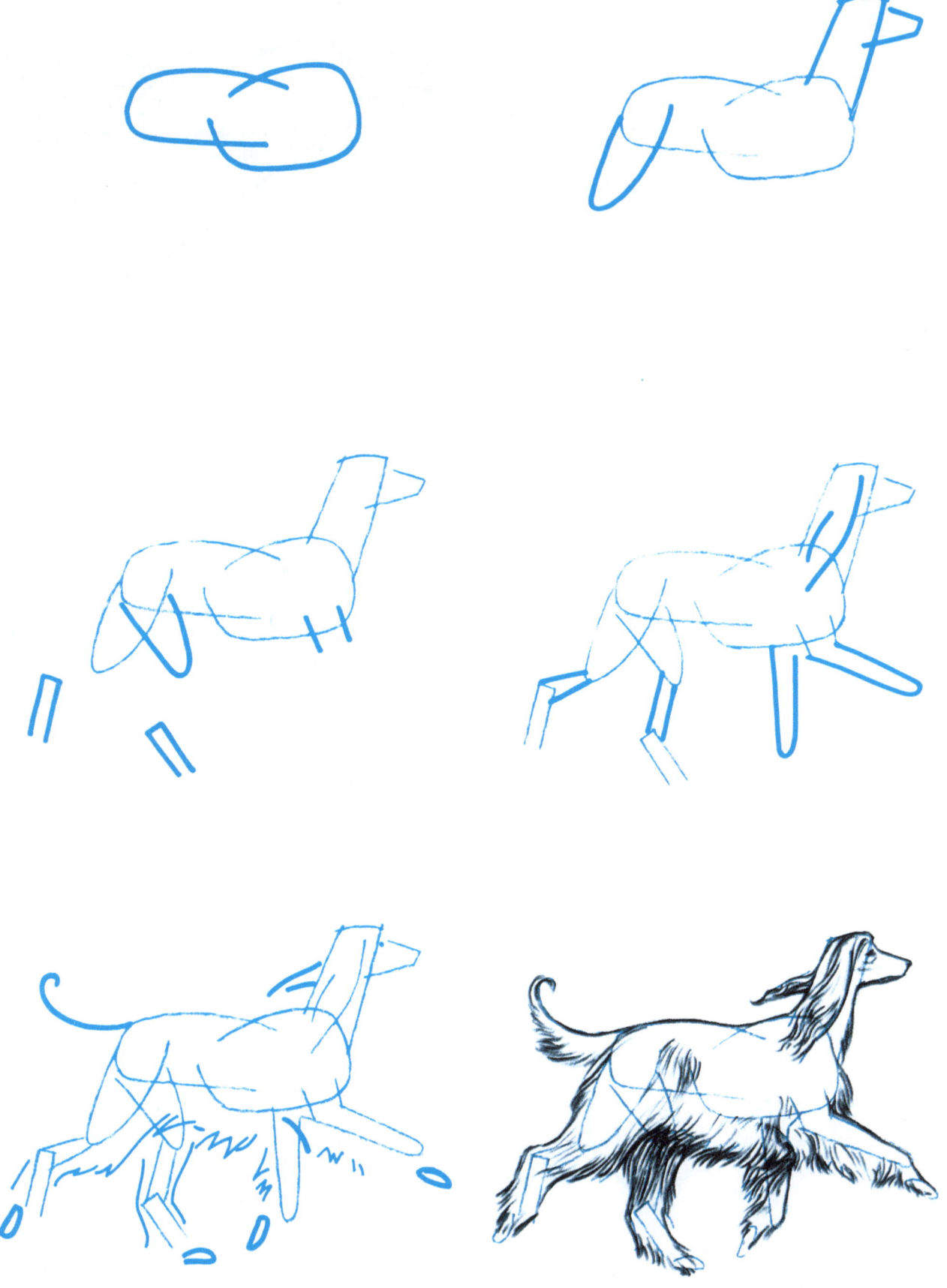

13 Galgo Afgano

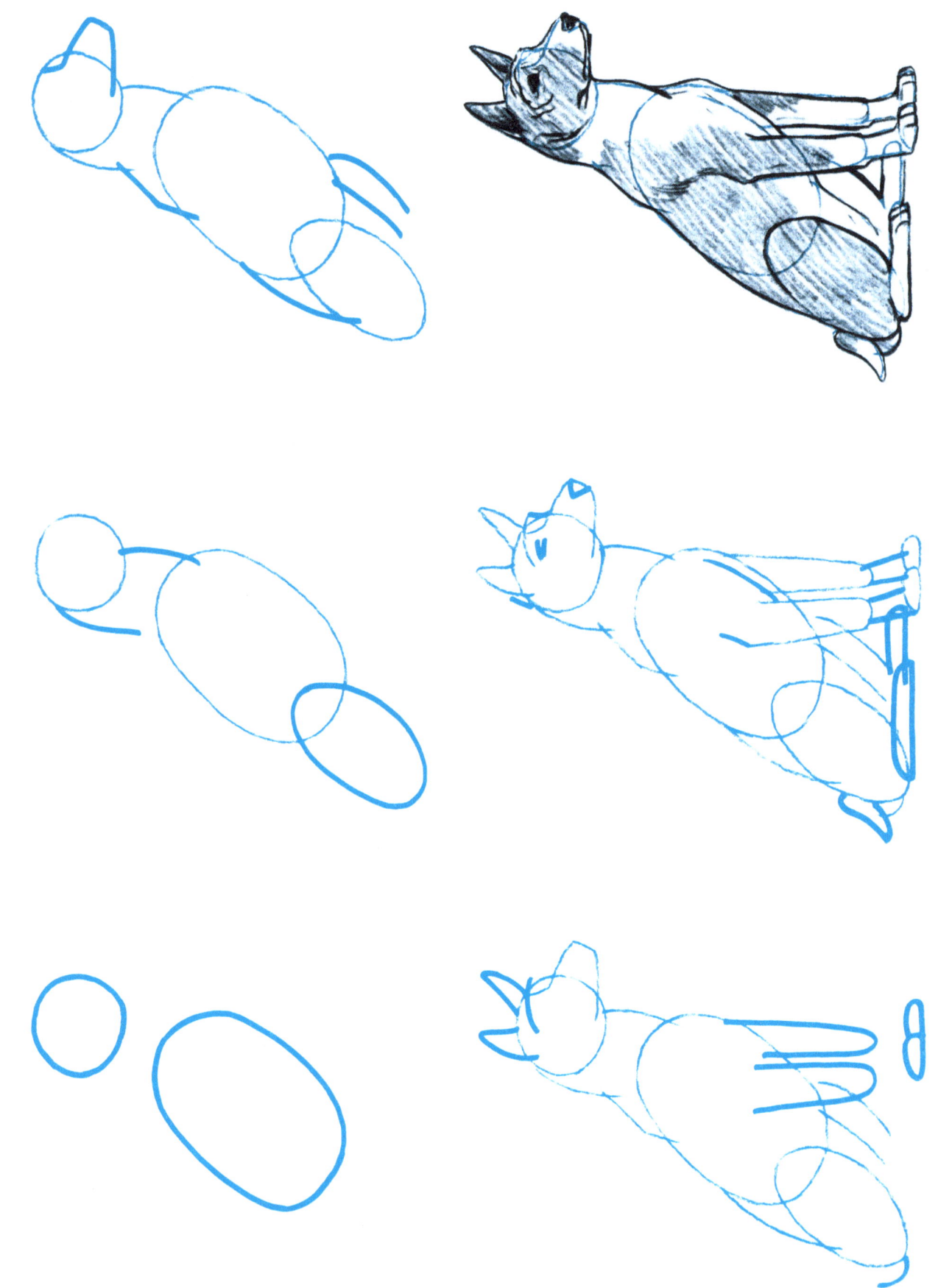

14 Basenji

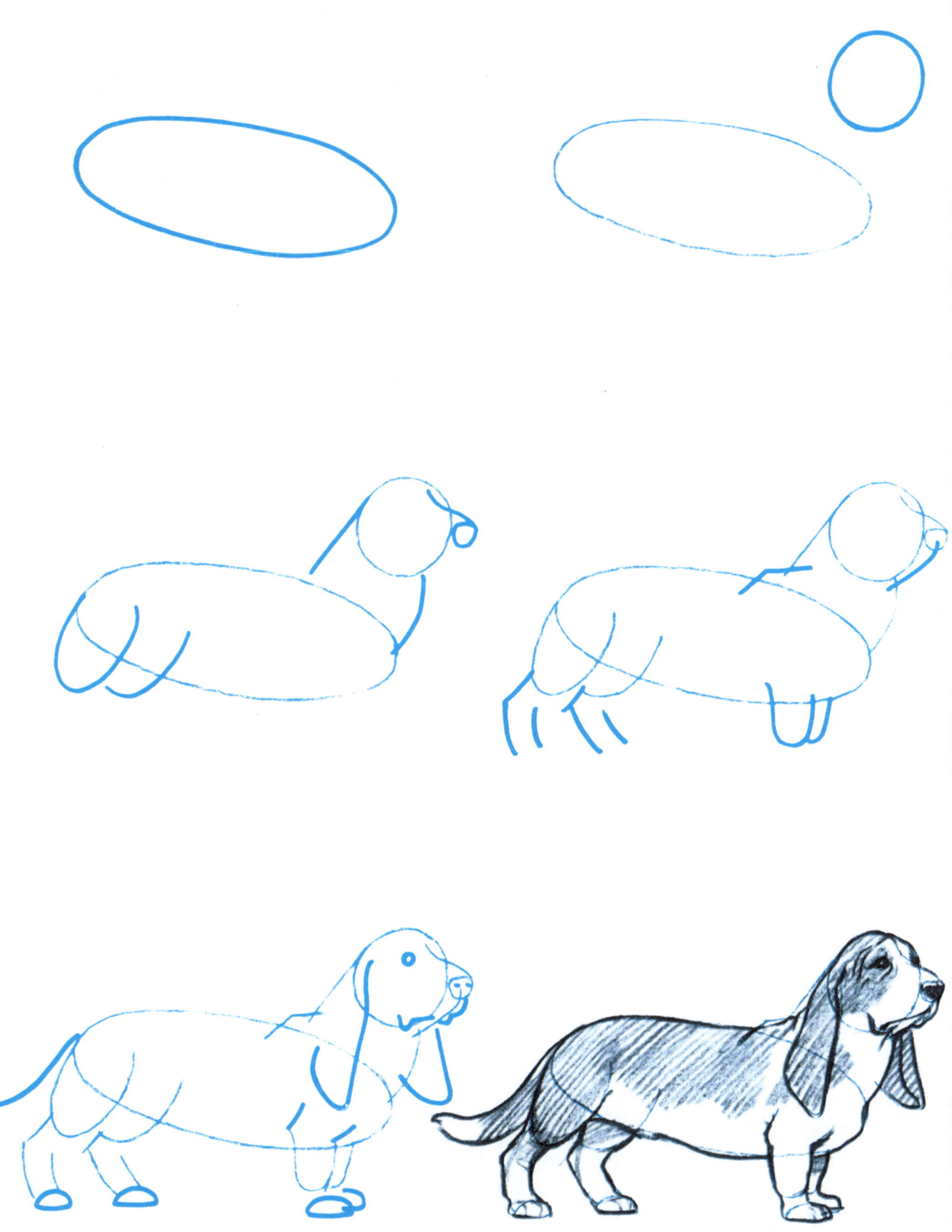

15 Basset Hound

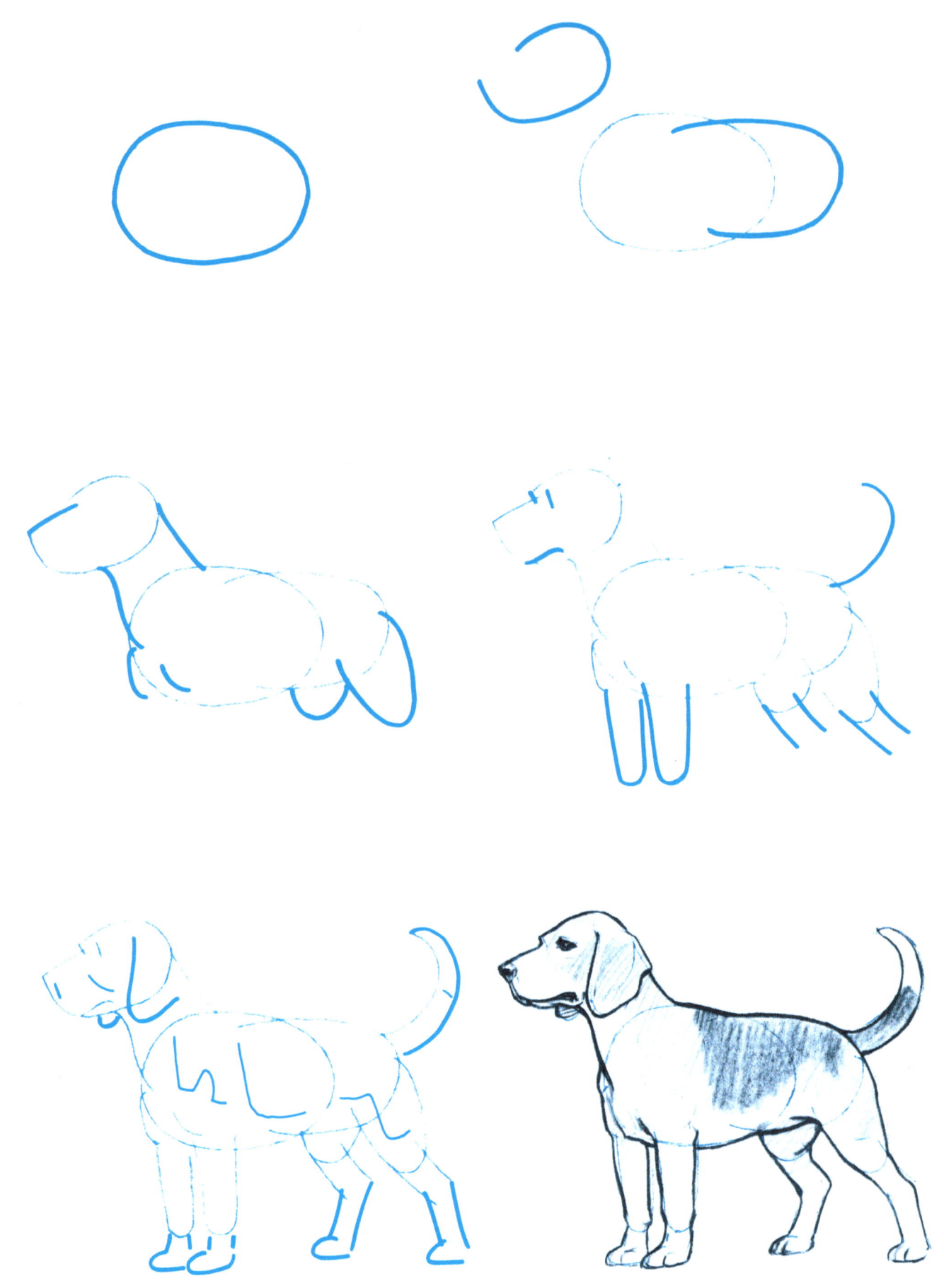

16 Beagle

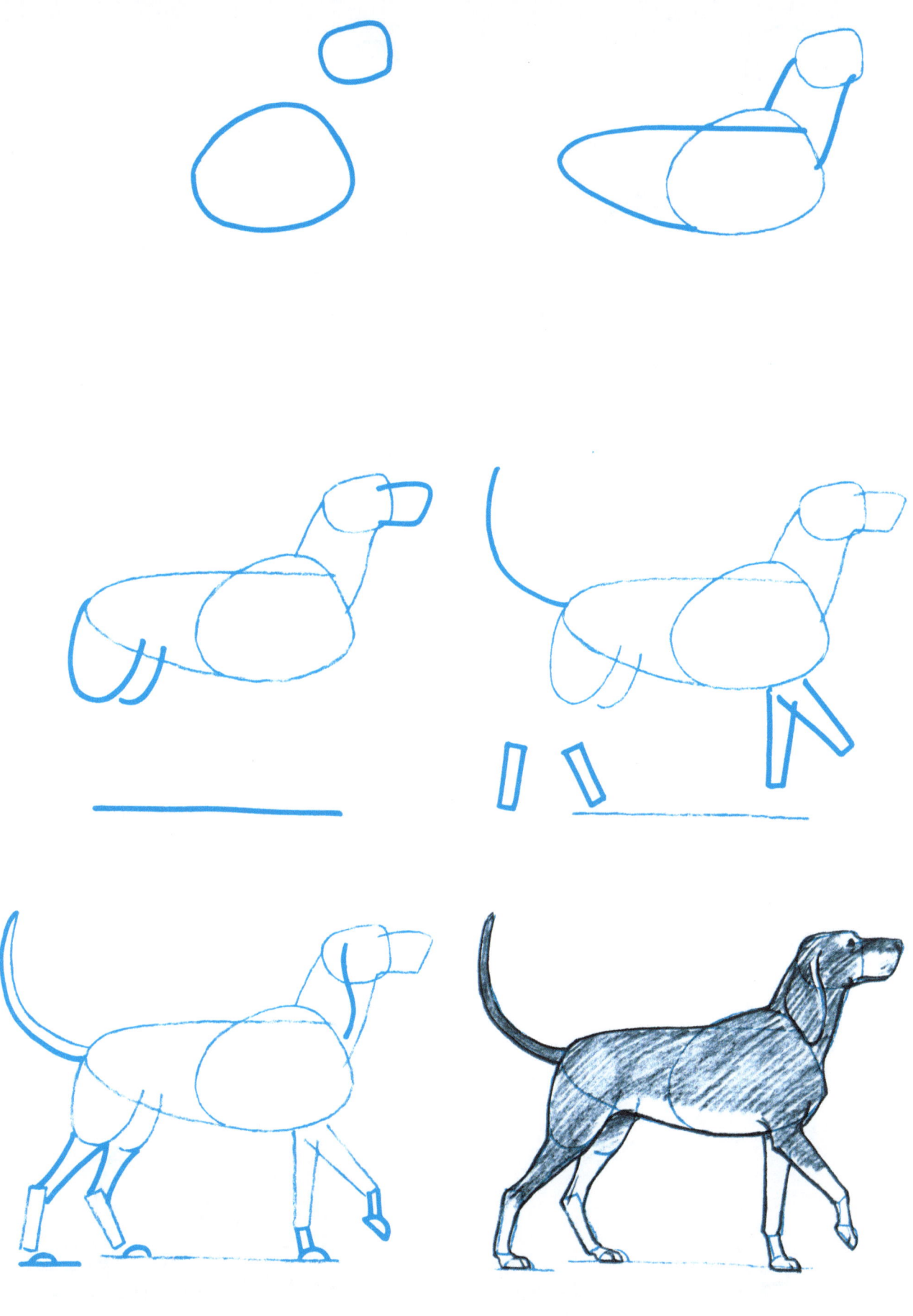

17 Black and Tan Coonhound

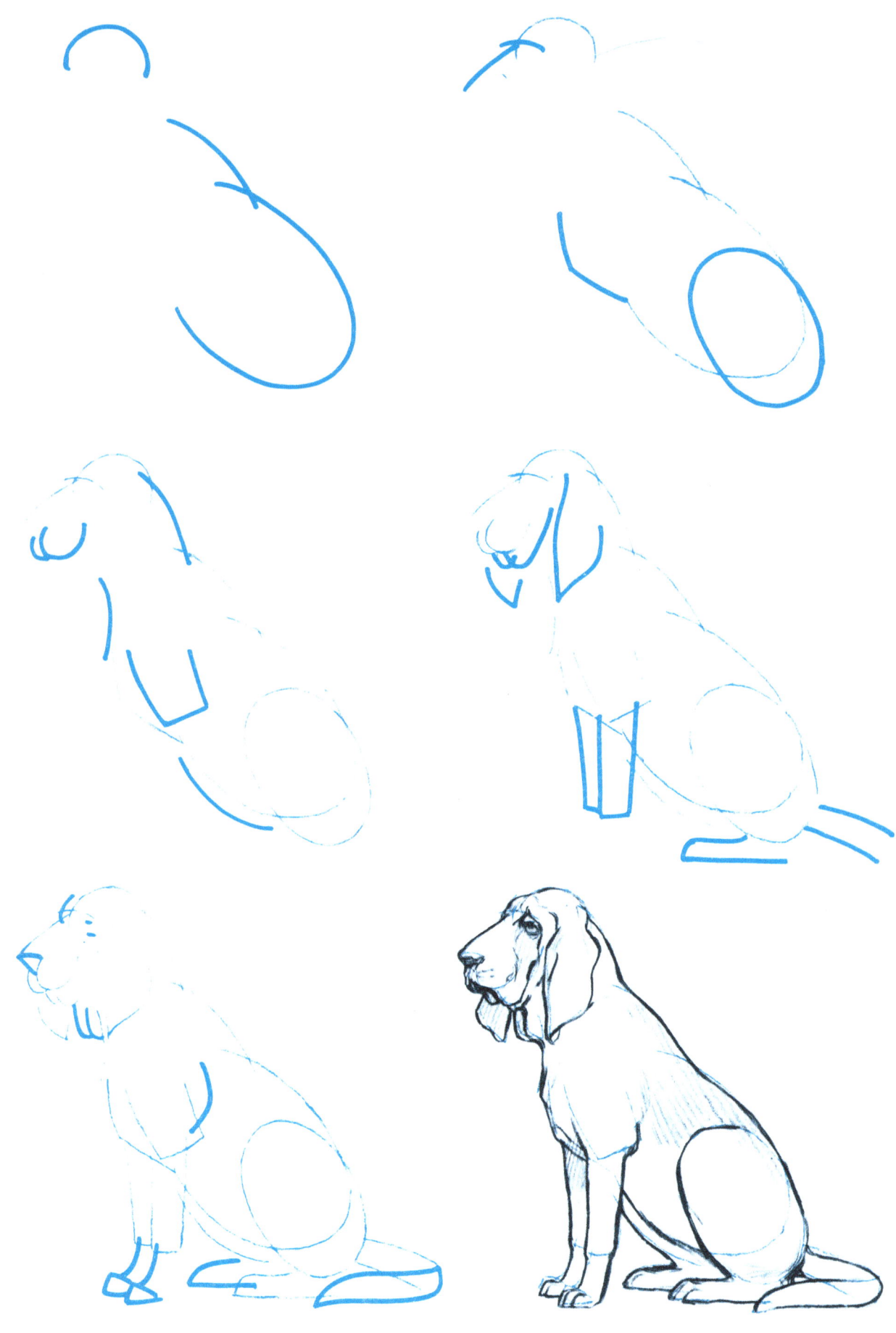

18 Bloodhound

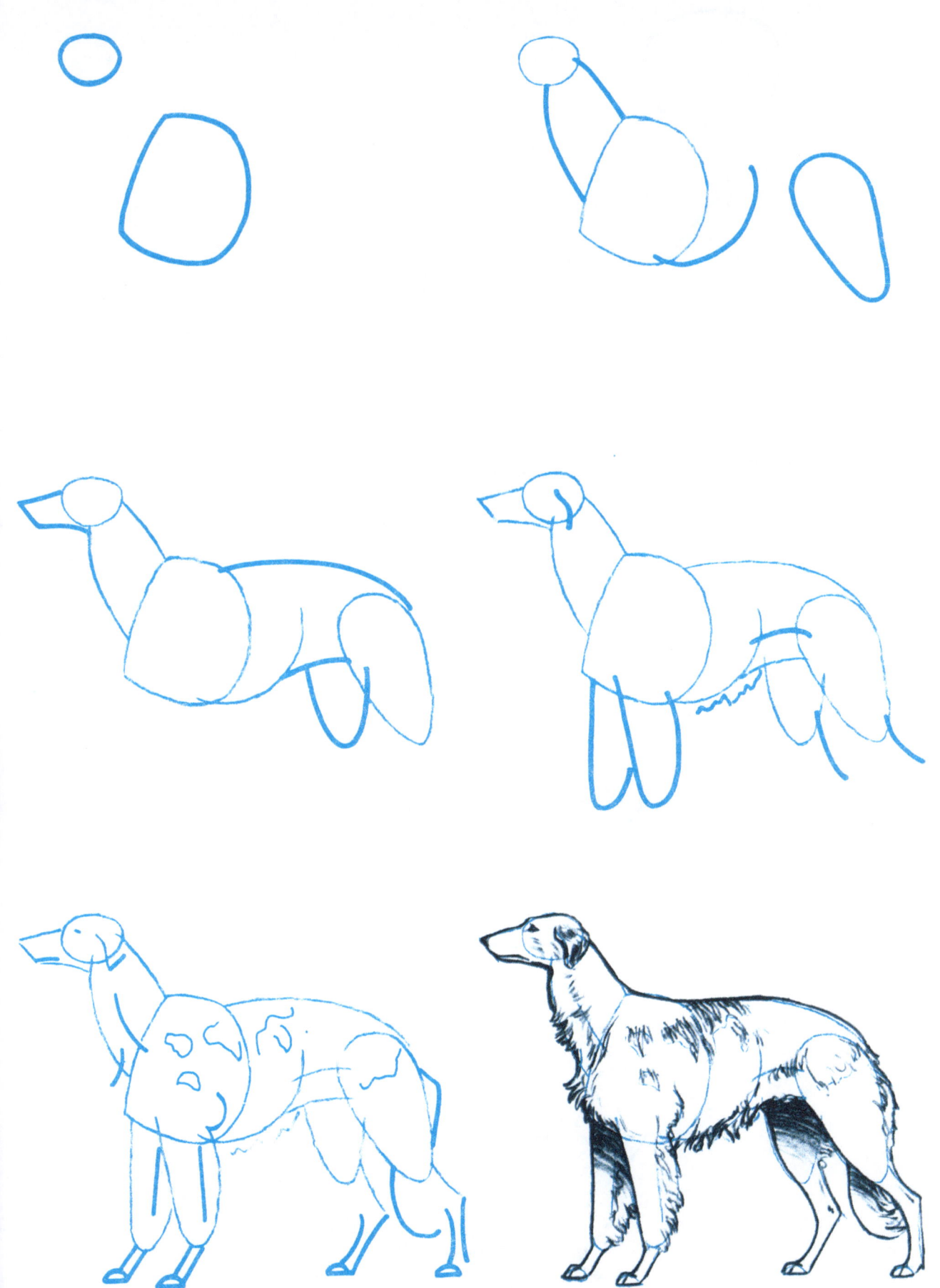

19 Borzoi

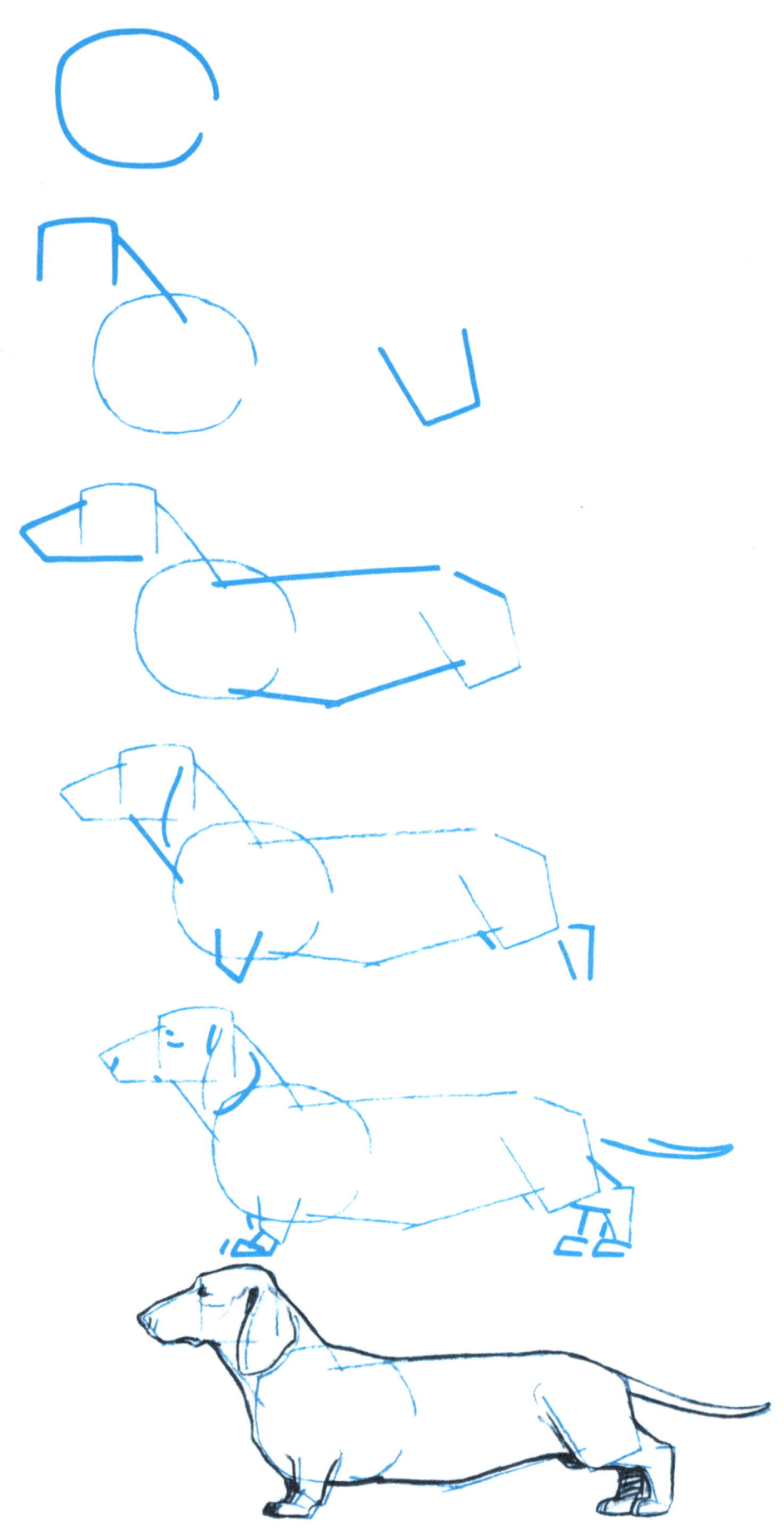

20 Teckel (Dachshund)

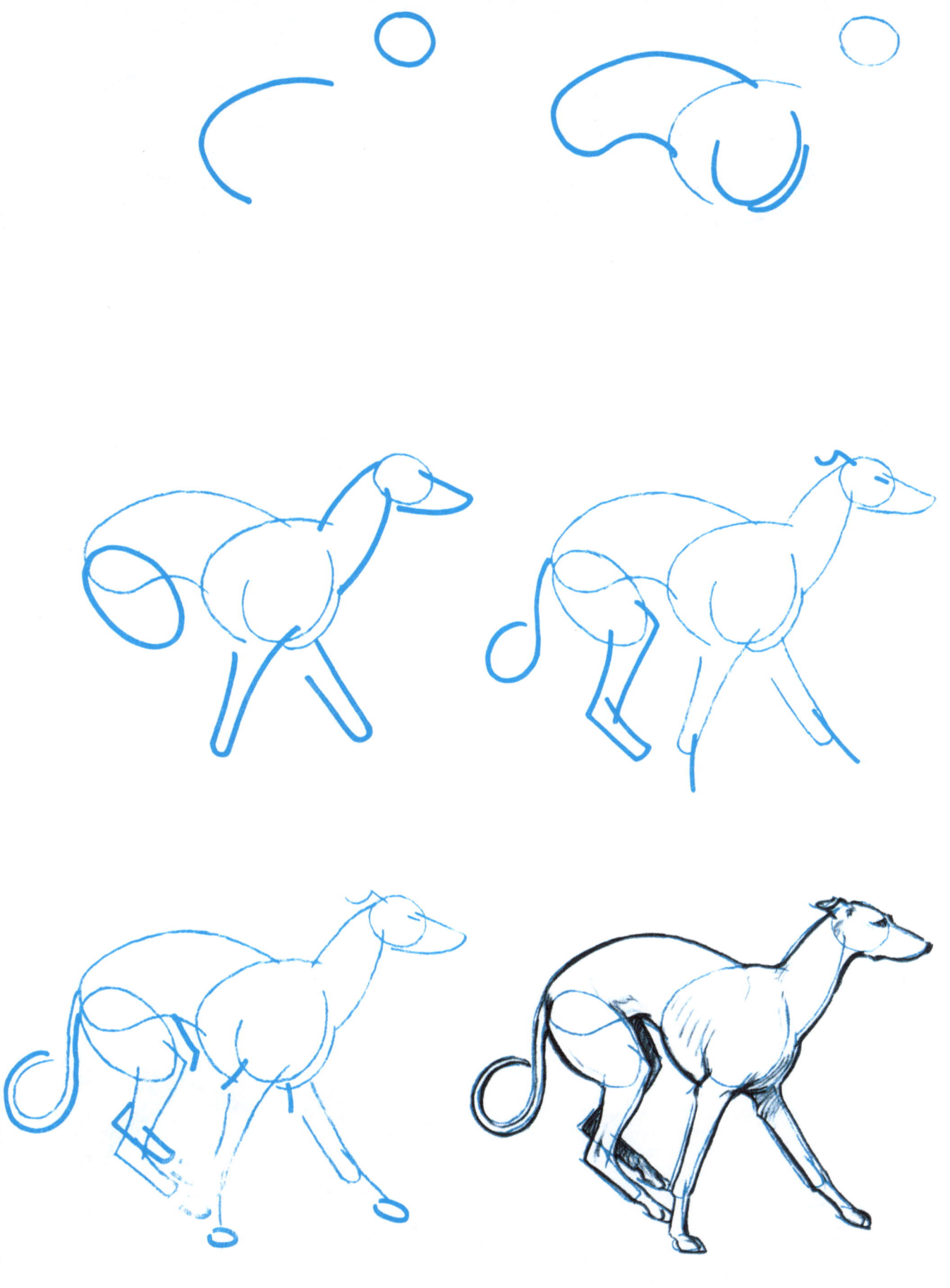

21 Greyhound

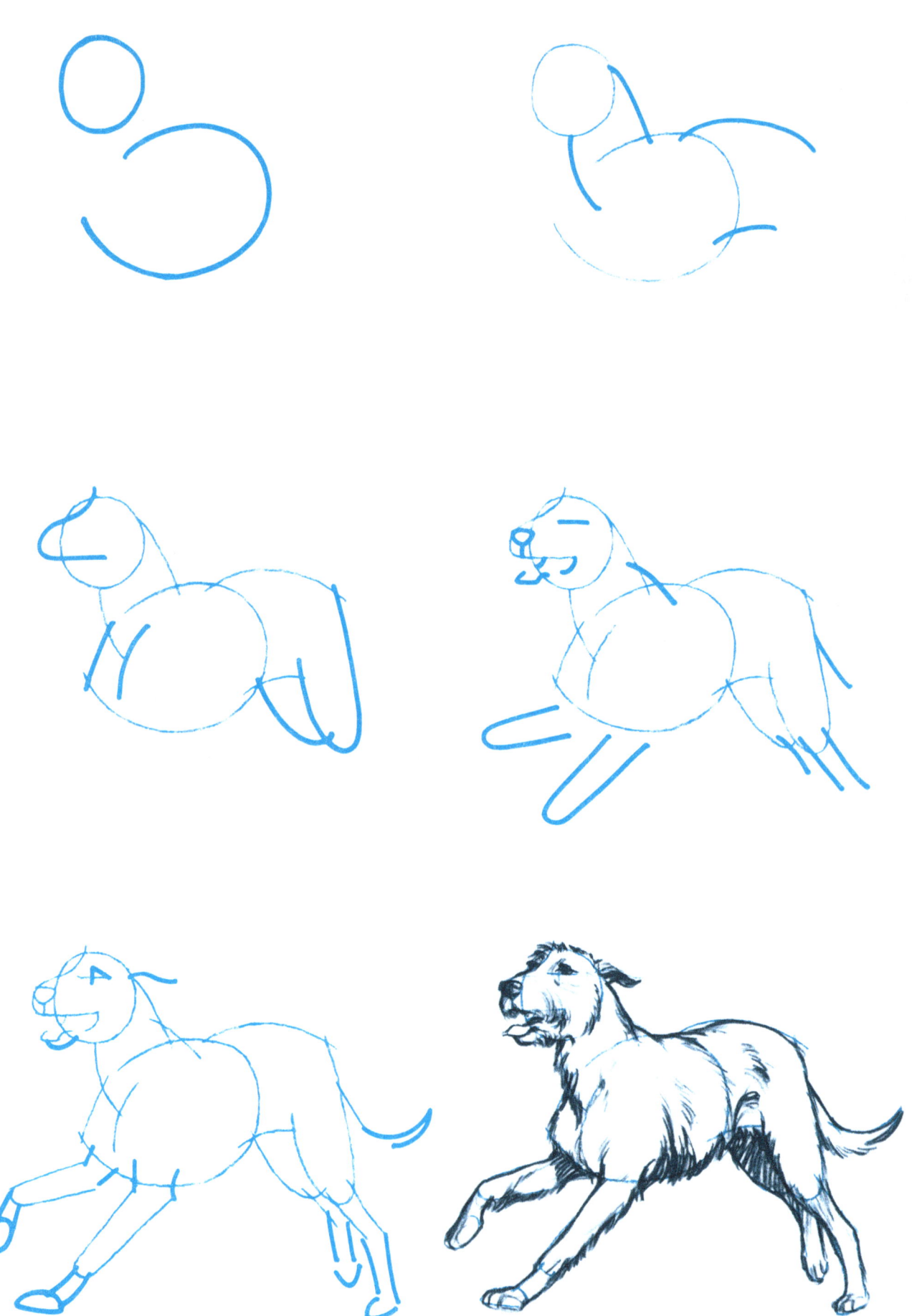

22 Irish Wolfhound

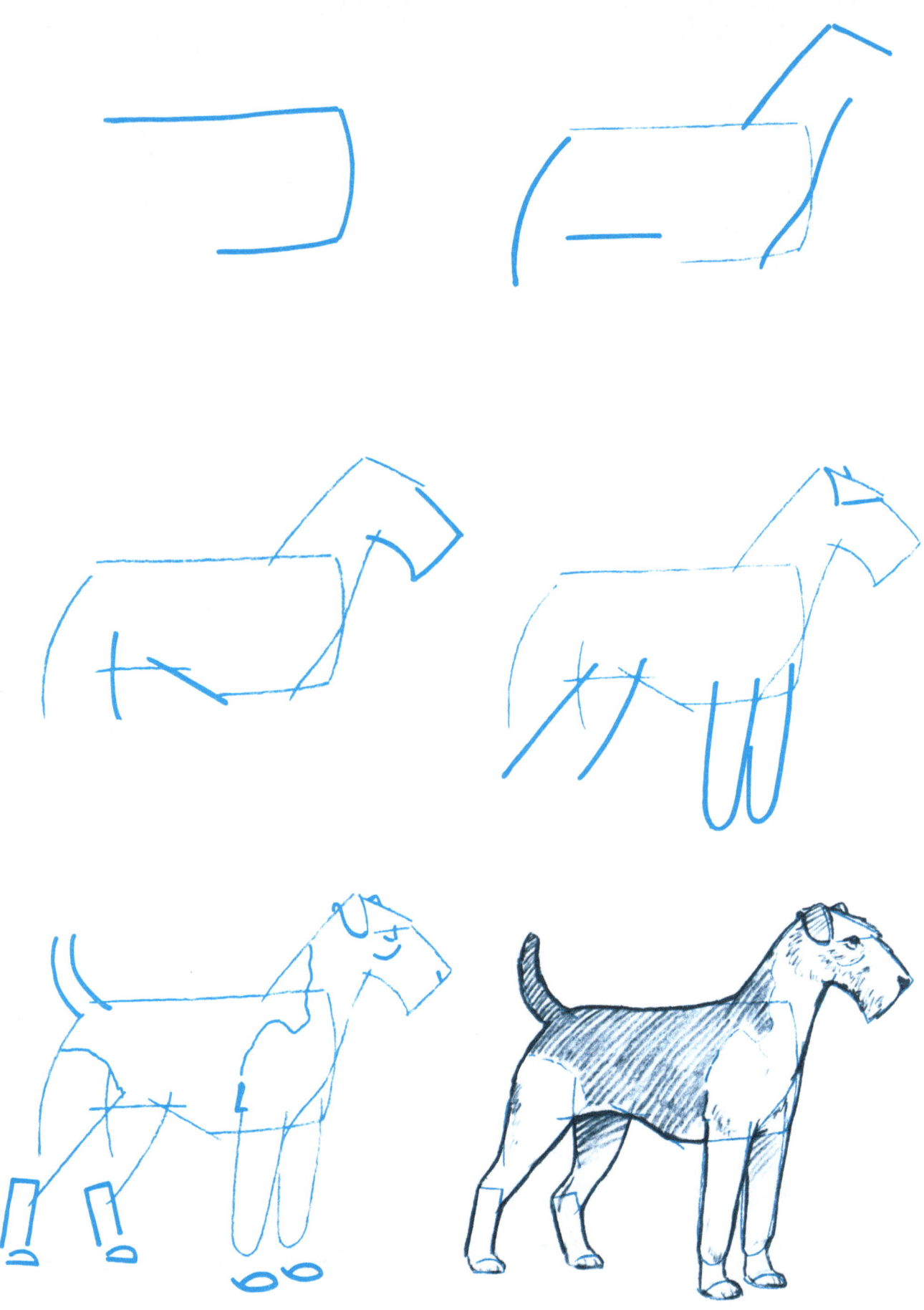

23 Airedale Terrier

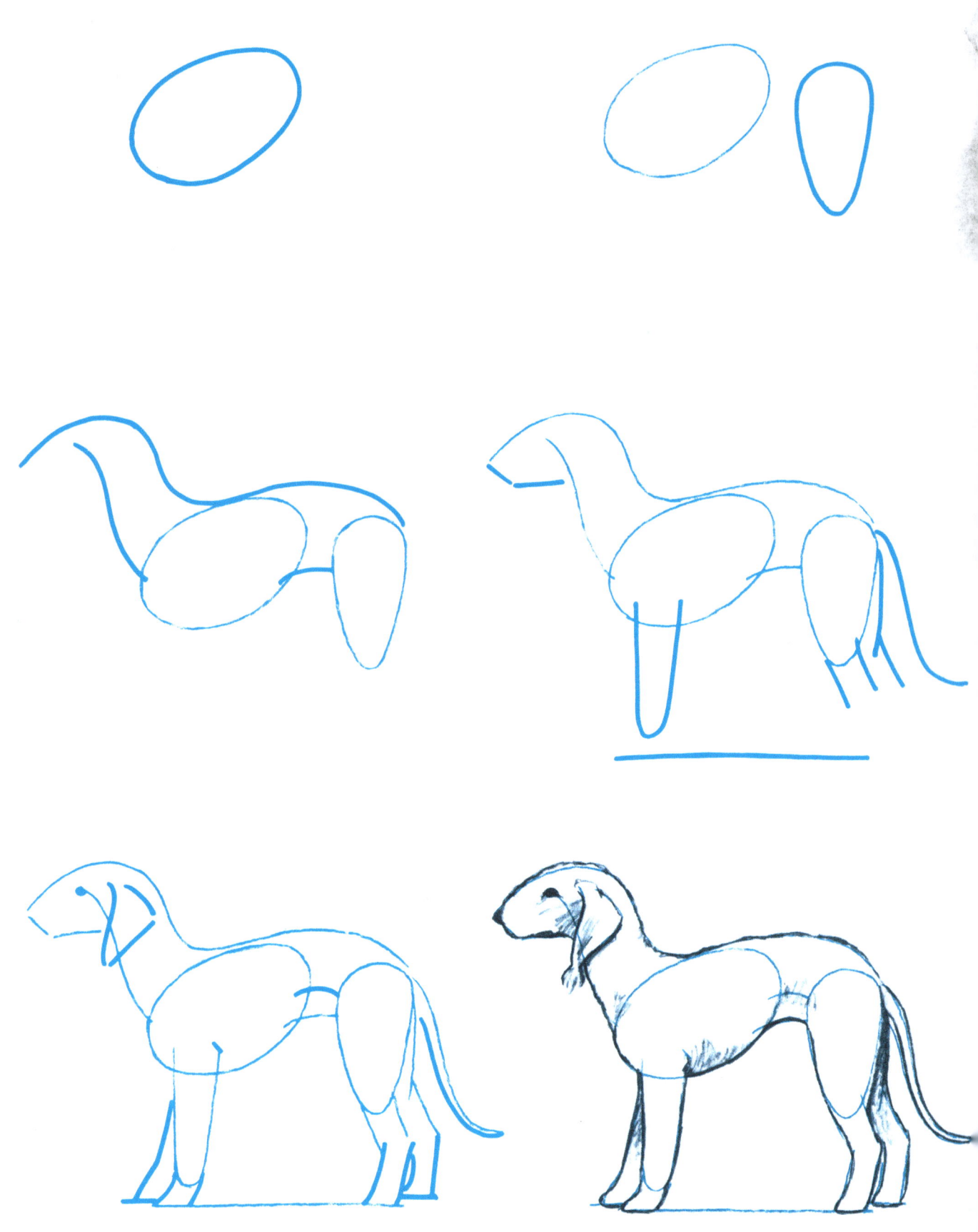

24 Bedlington Terrier

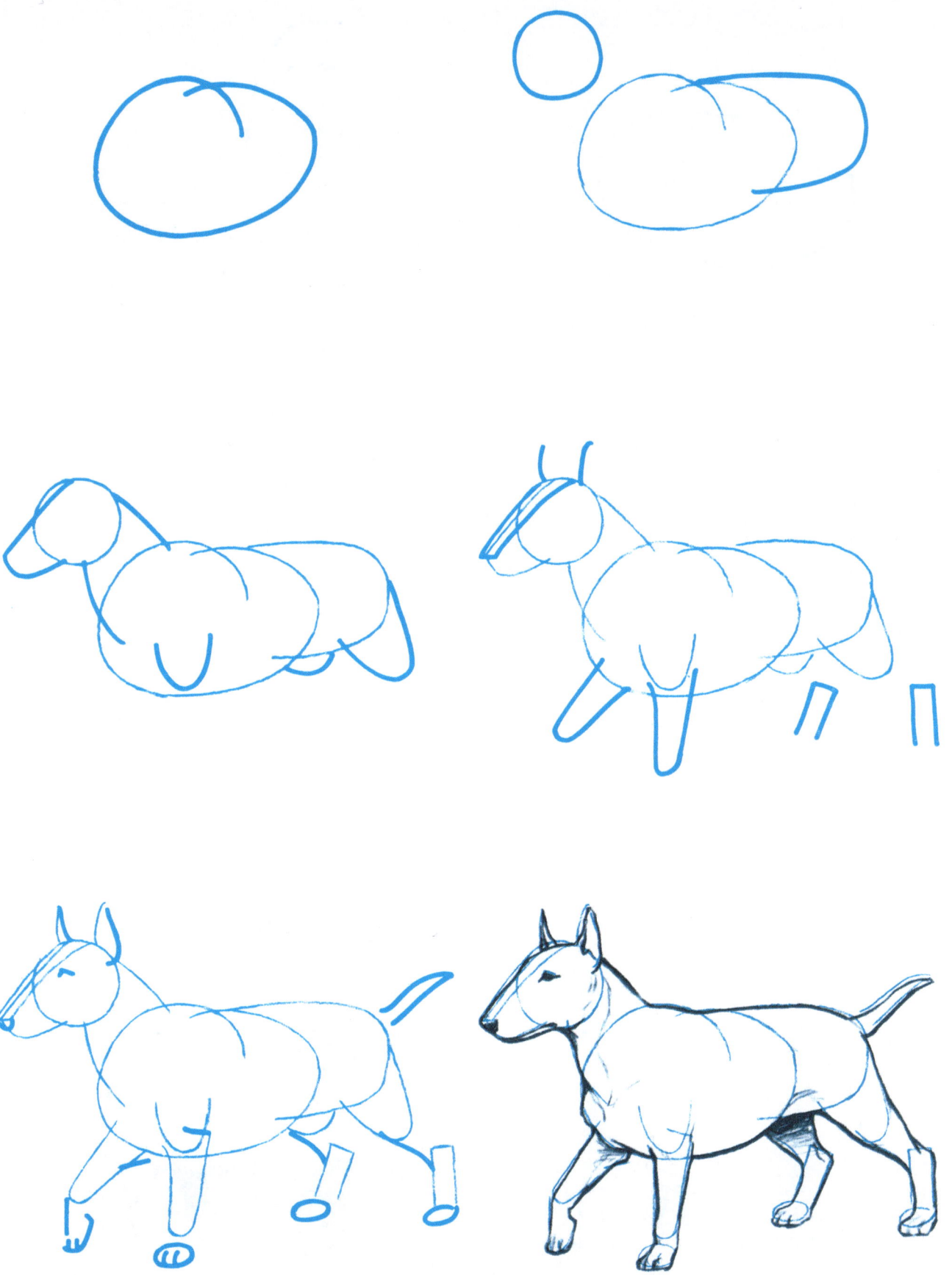

25 Bull Terrier

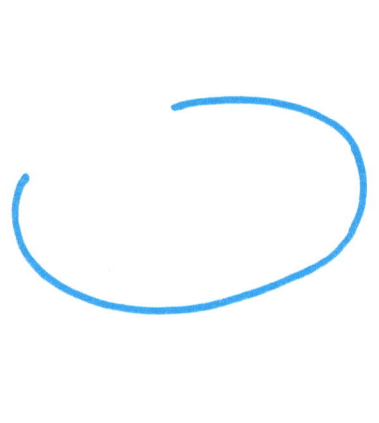
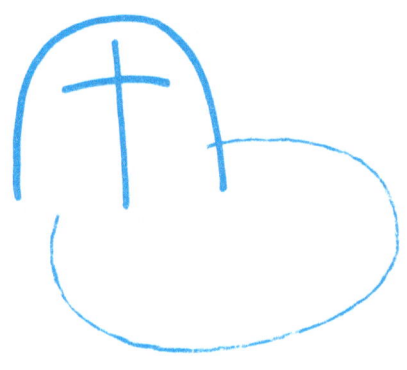
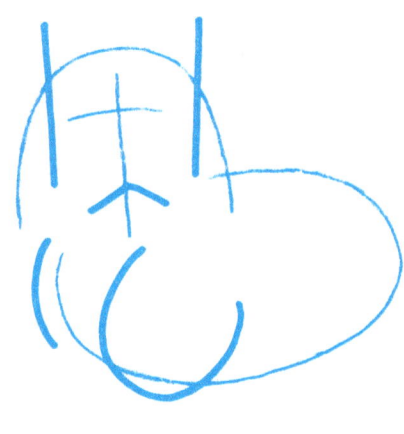
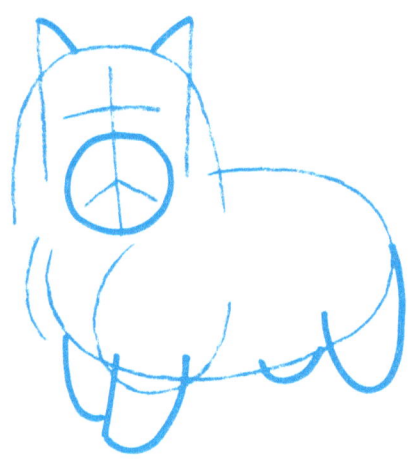
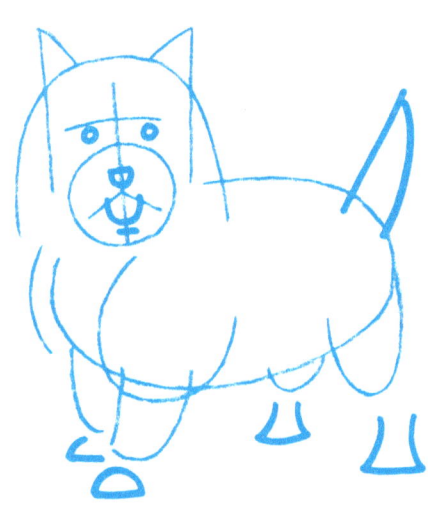
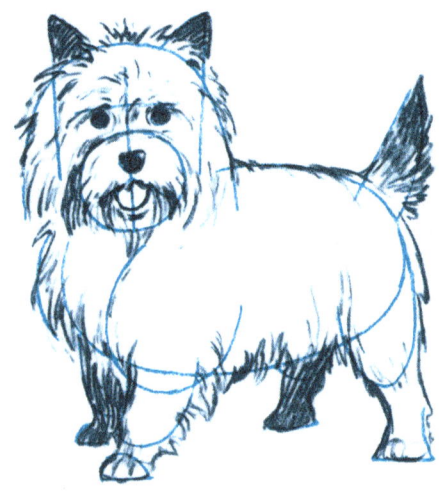

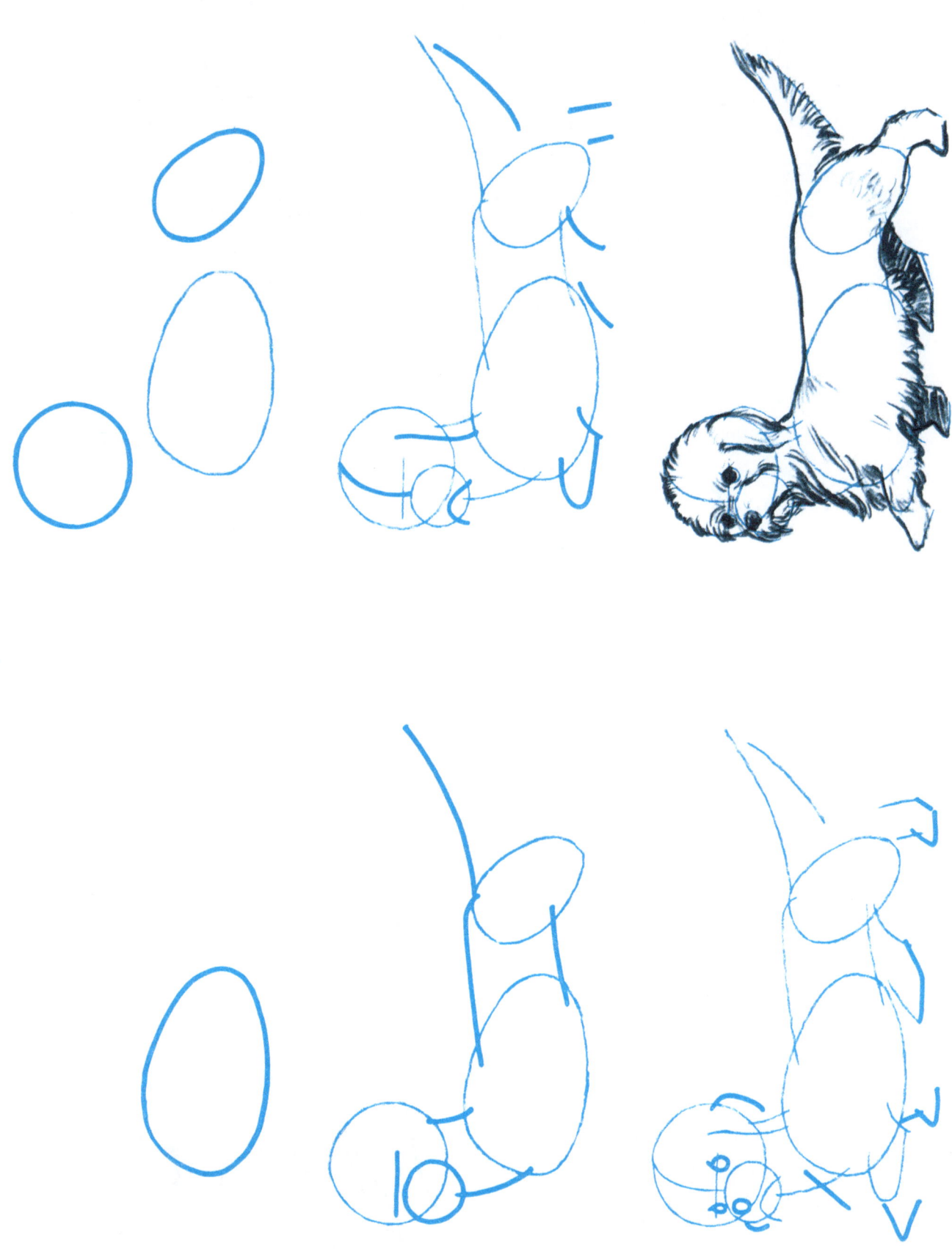

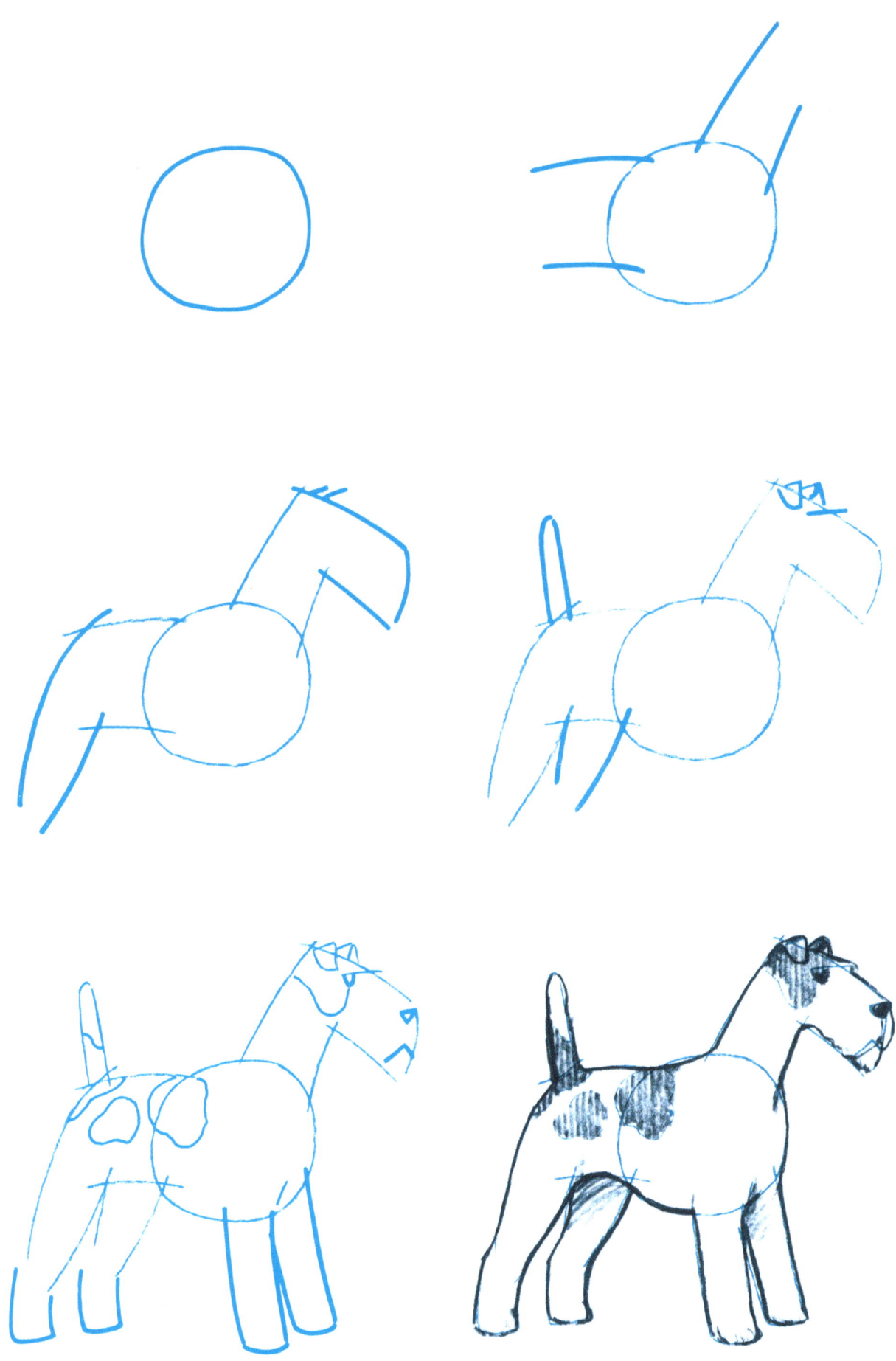

28 Fox Terrier de Pelo Duro

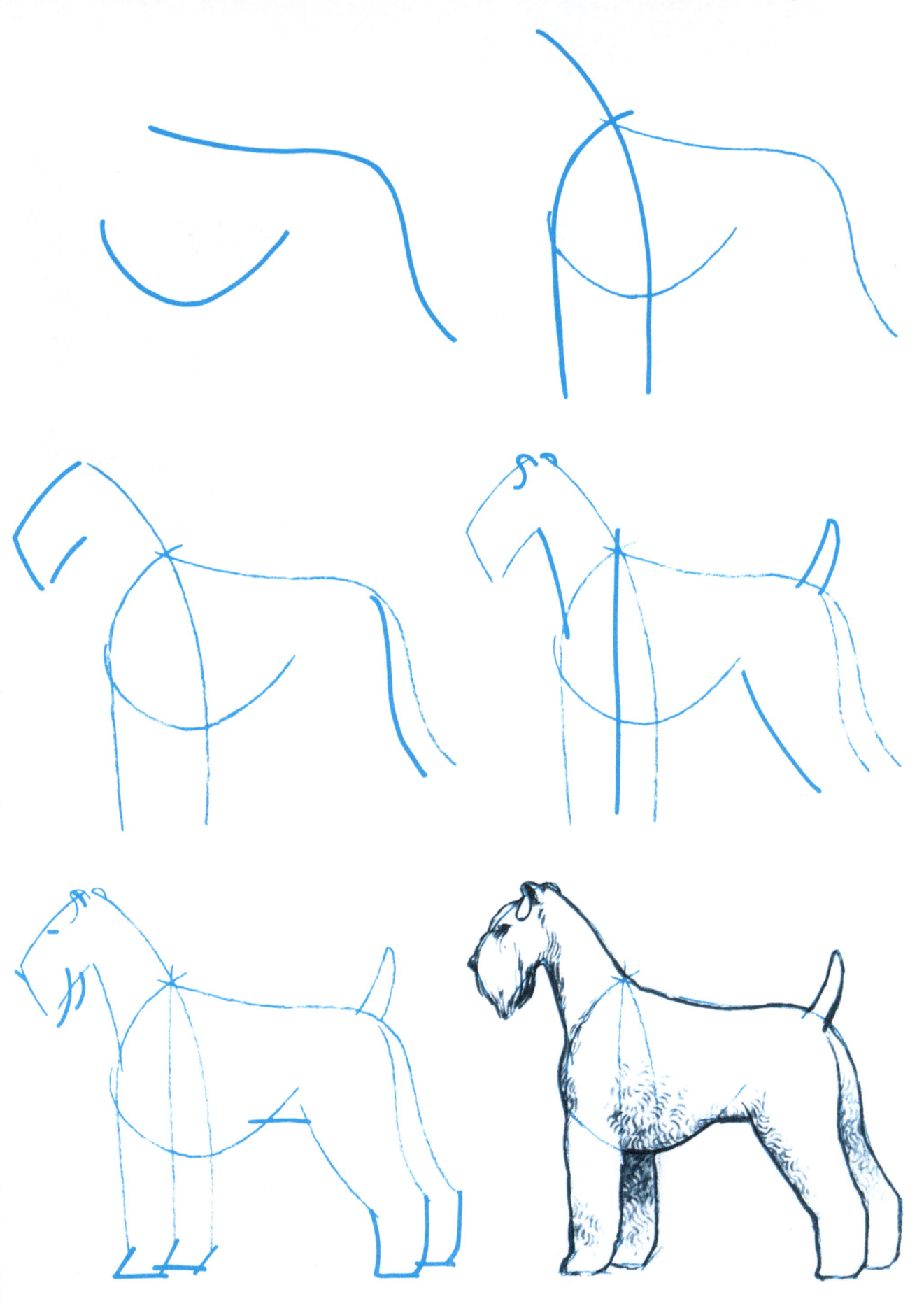

29 Kerry Blue Terrier

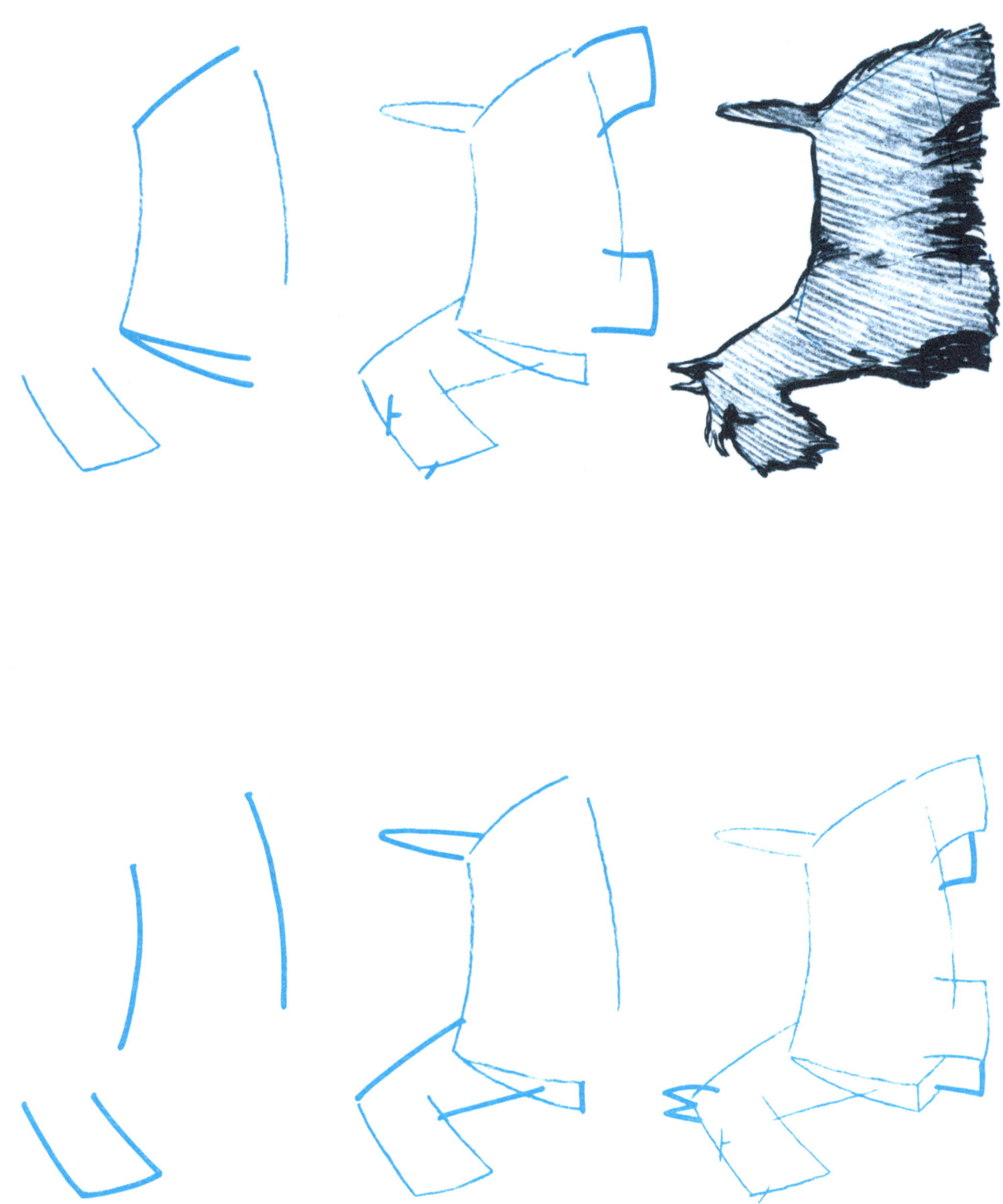

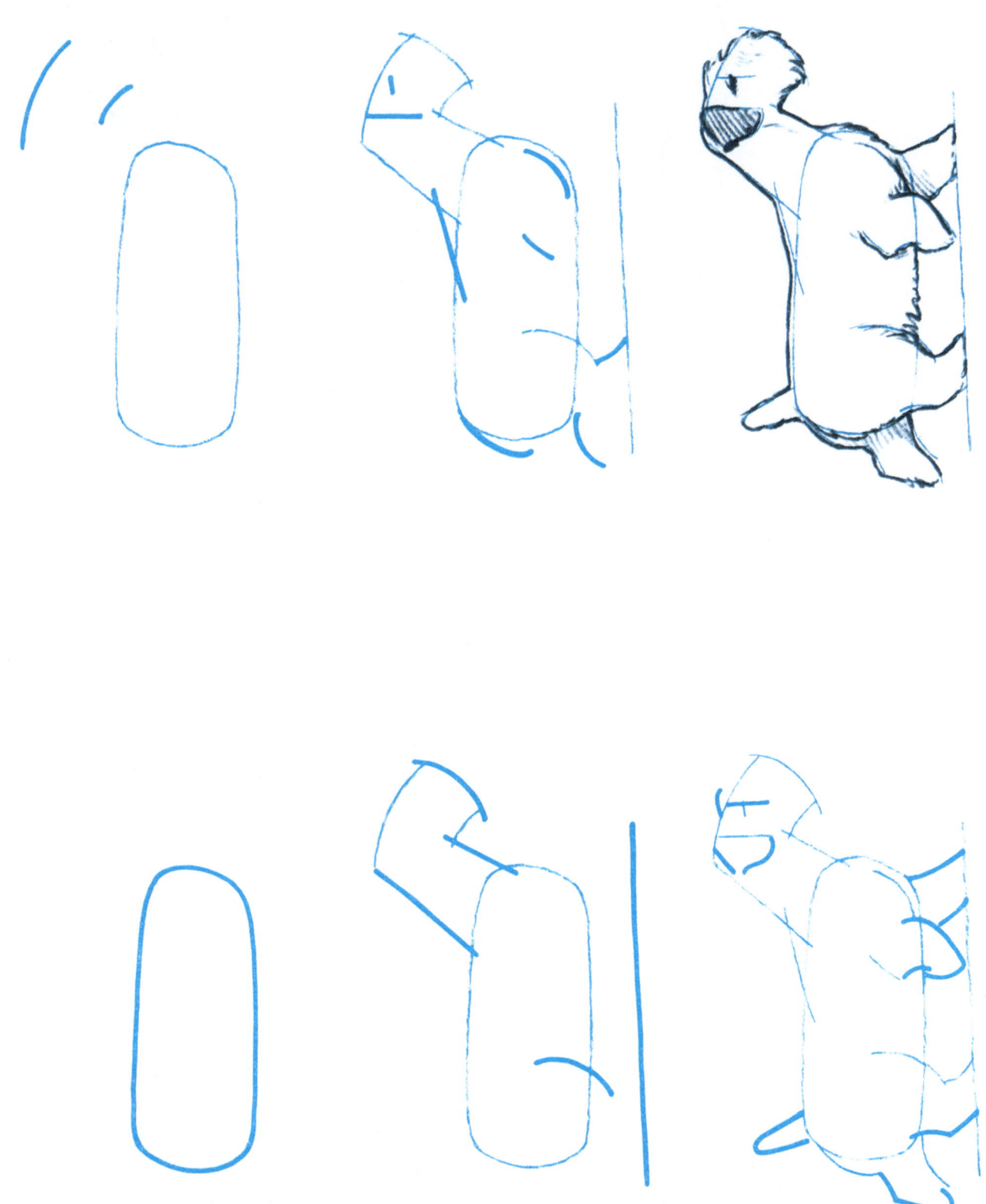

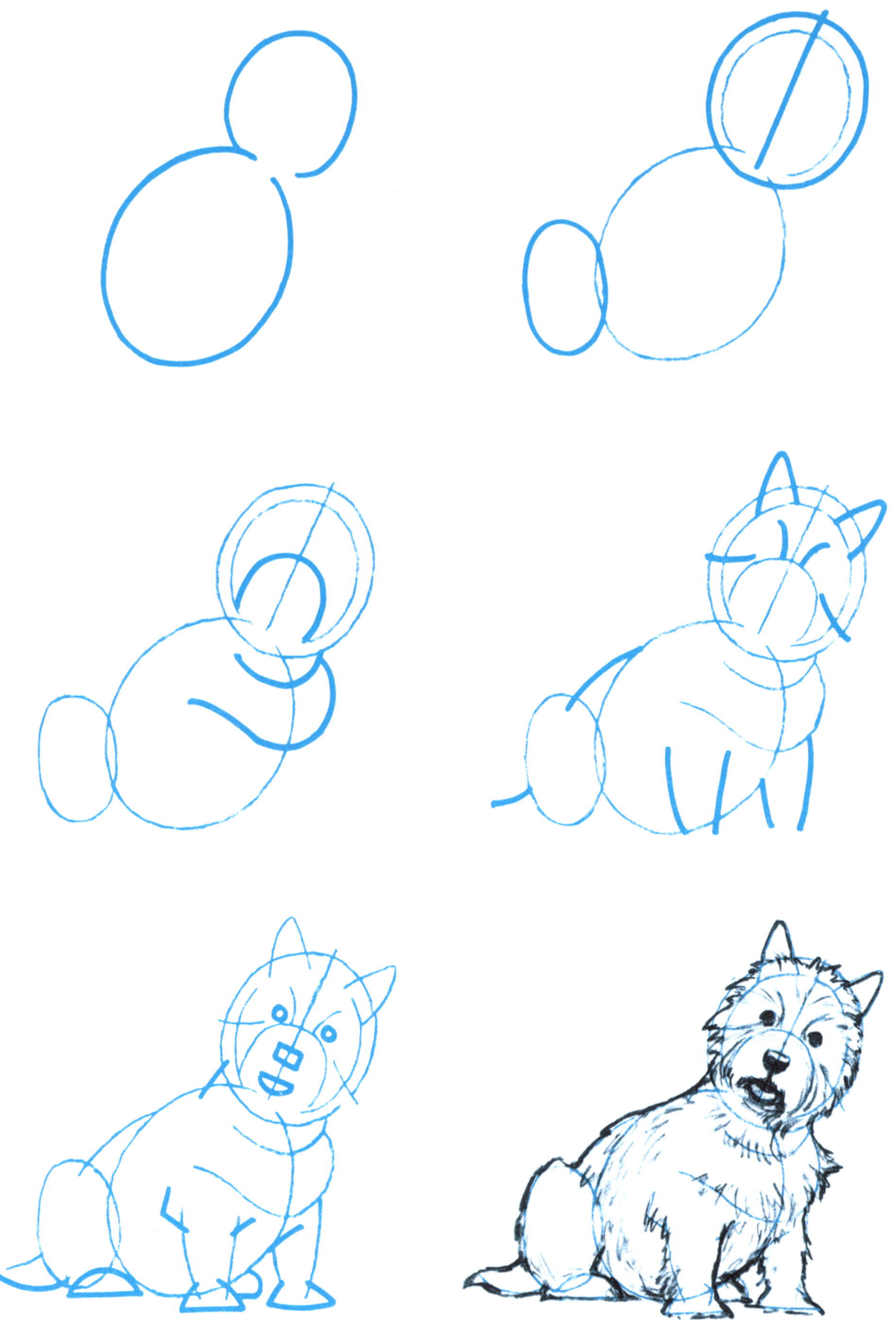

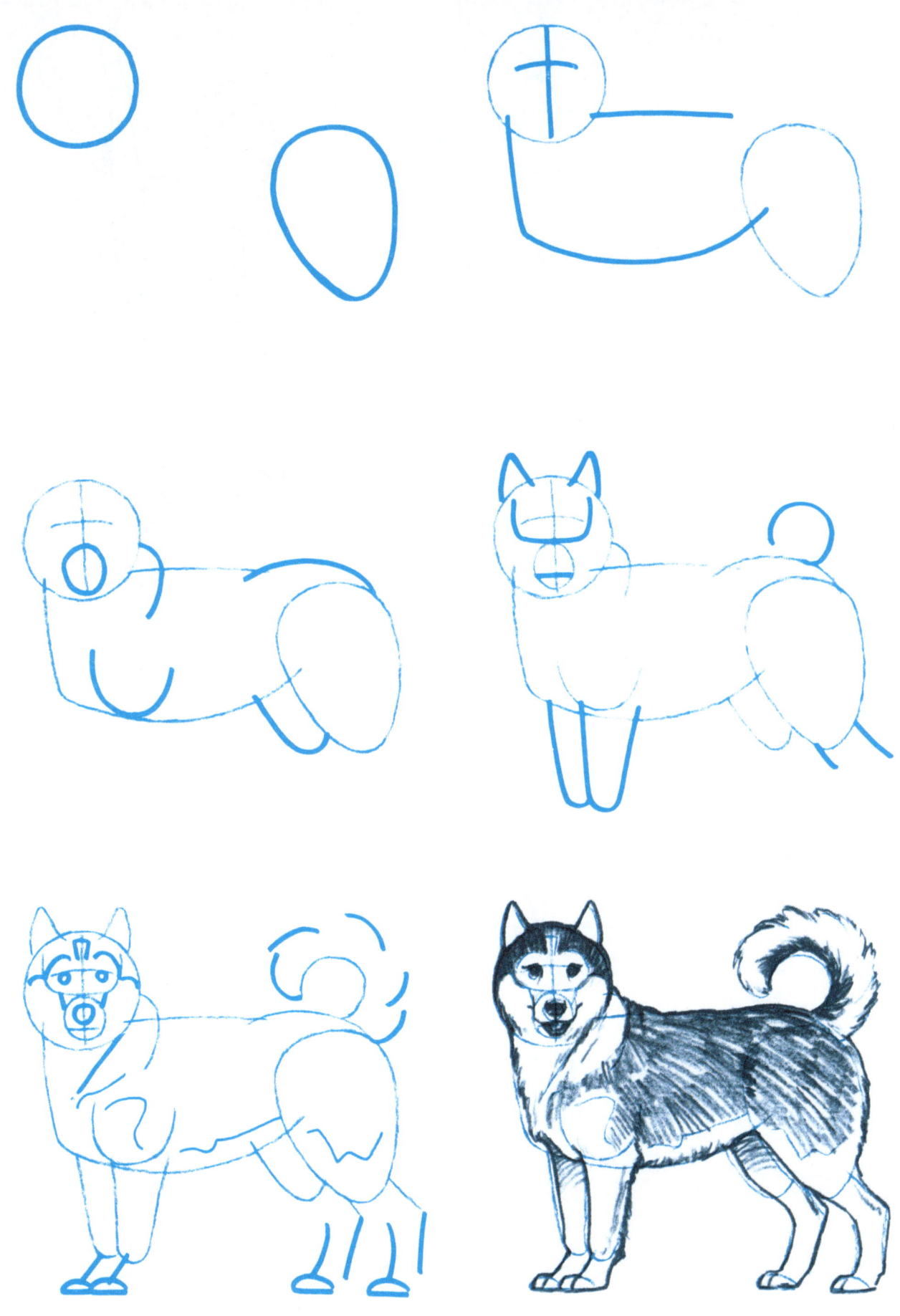

33 Alaskan Malamute

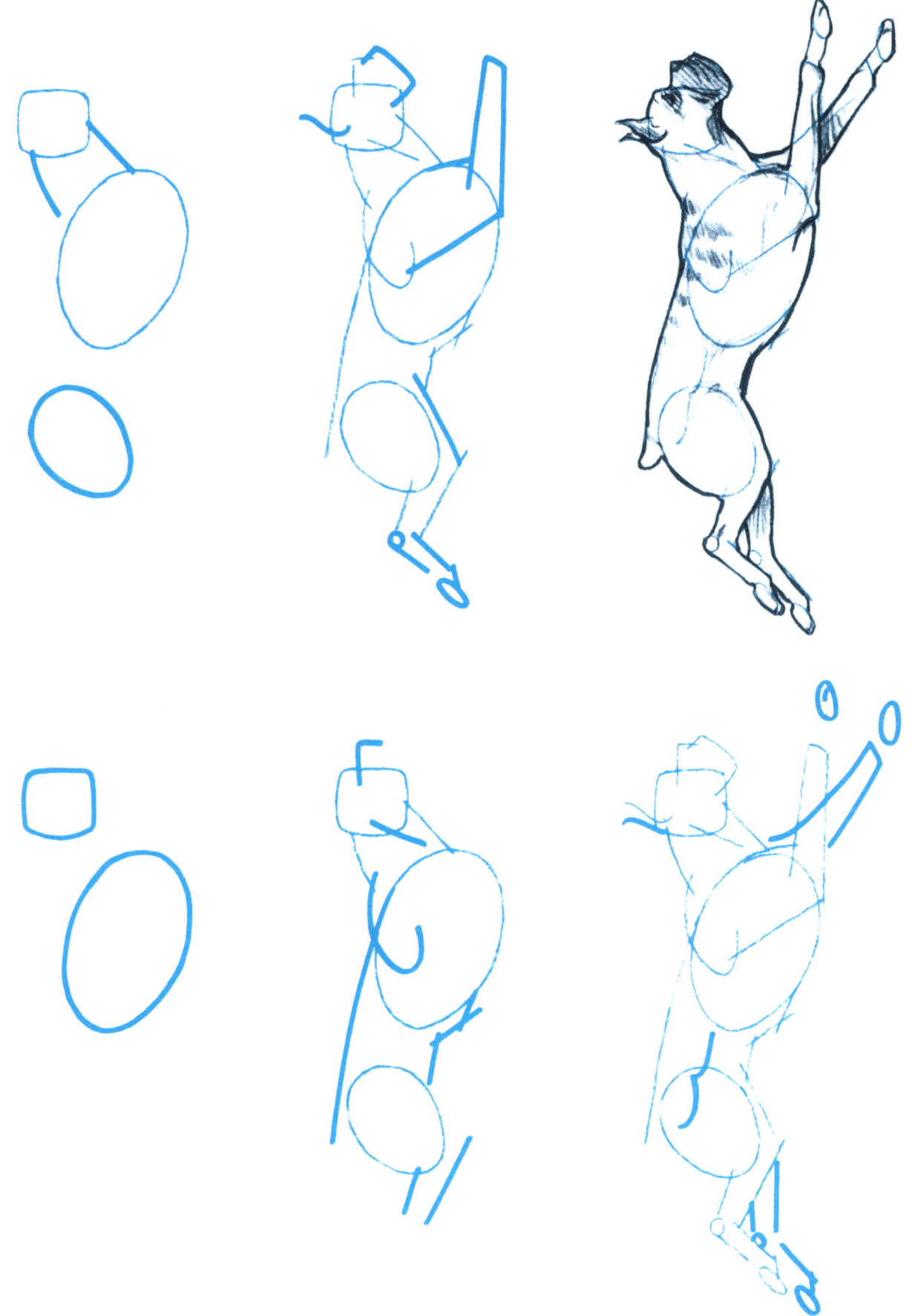

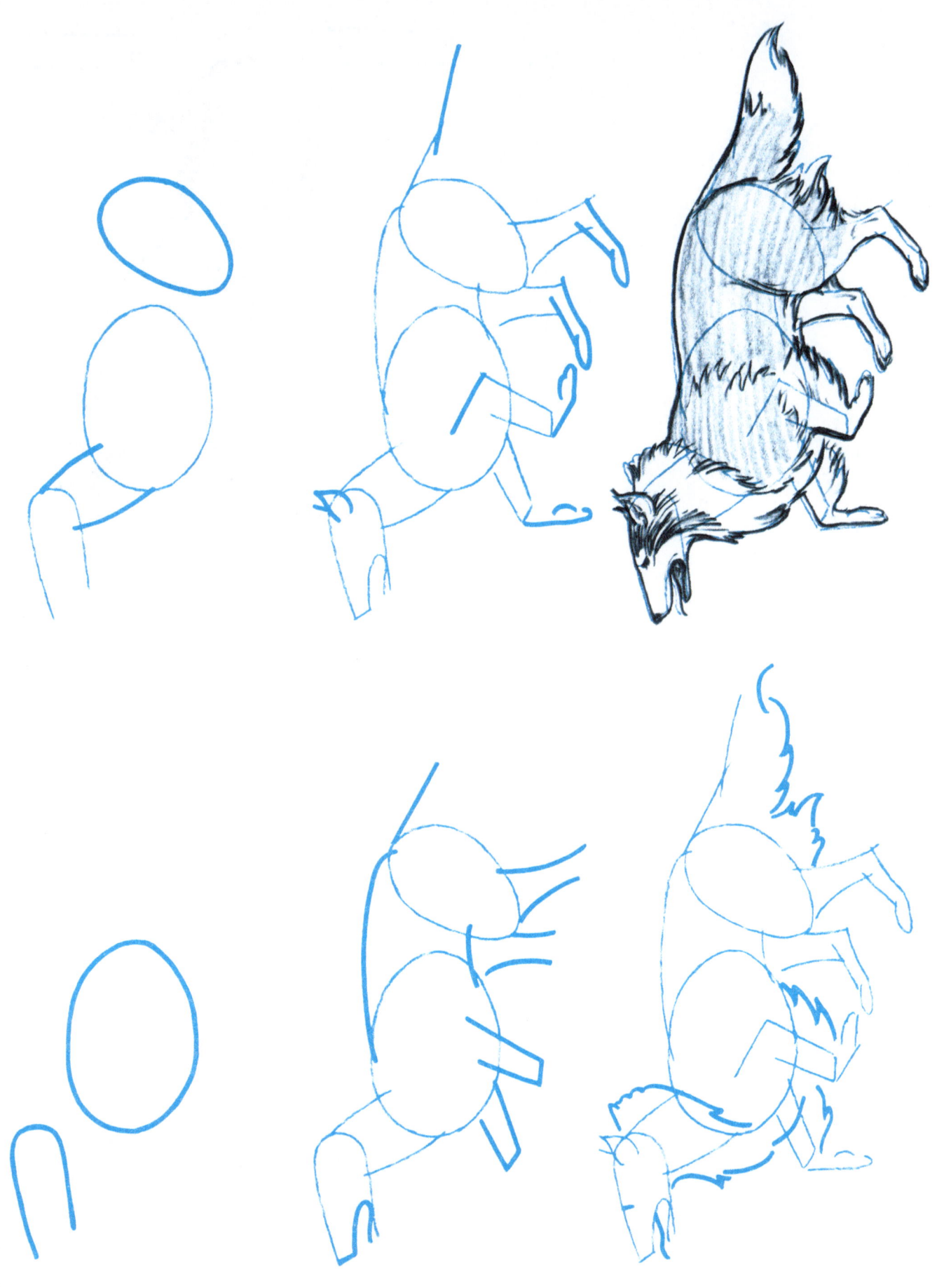

35 Rough Collie

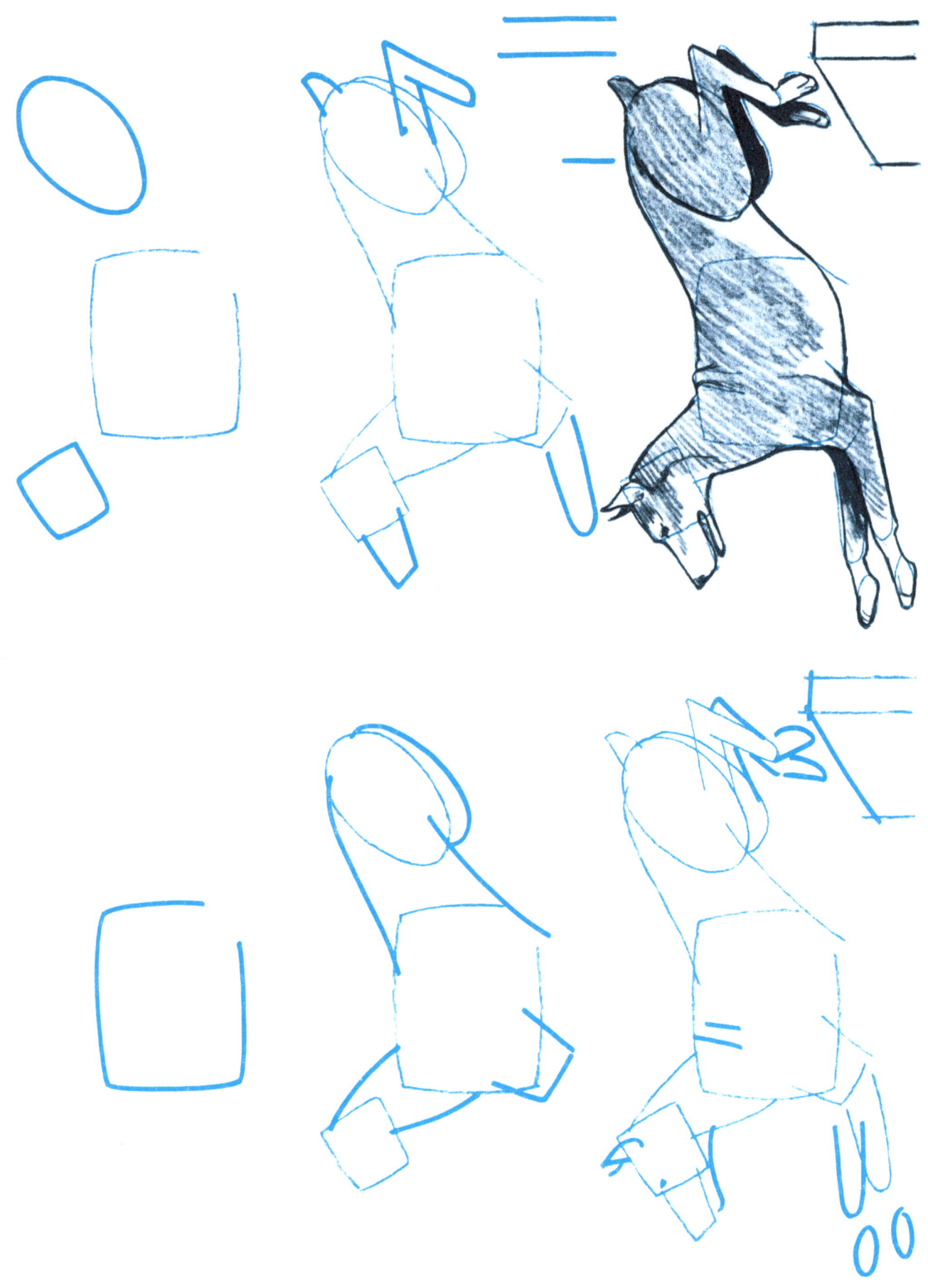

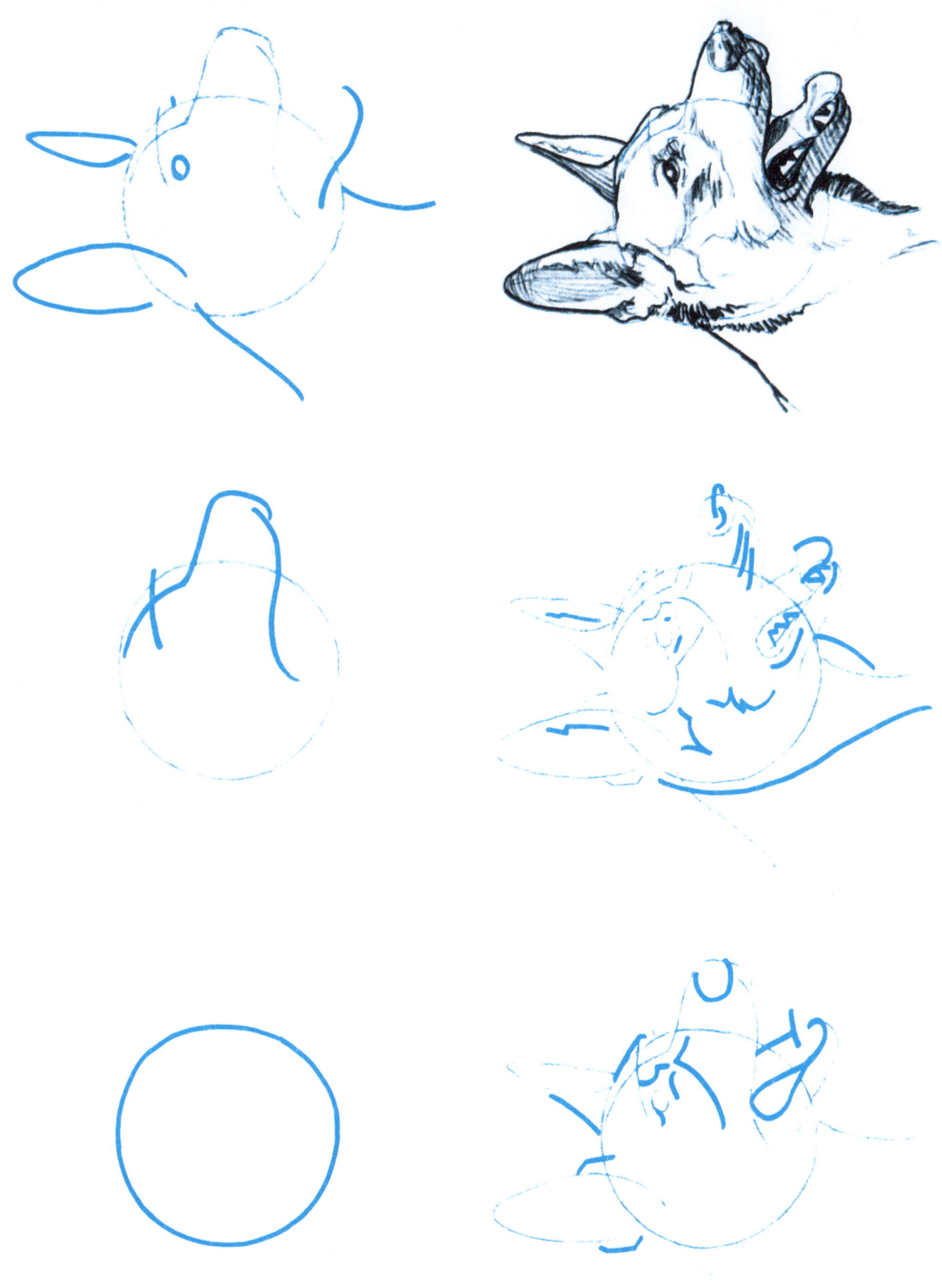

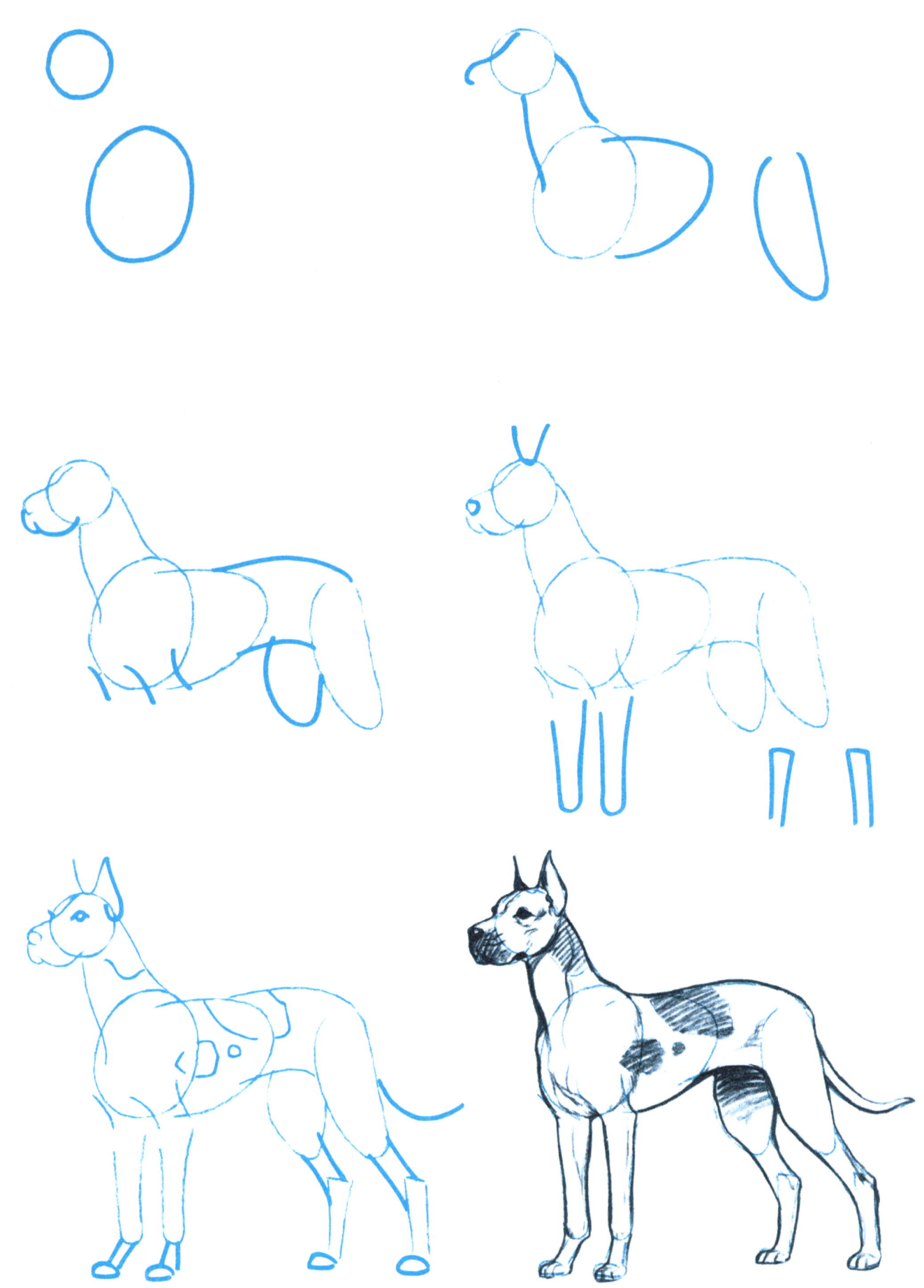

38 Dogo Alemán

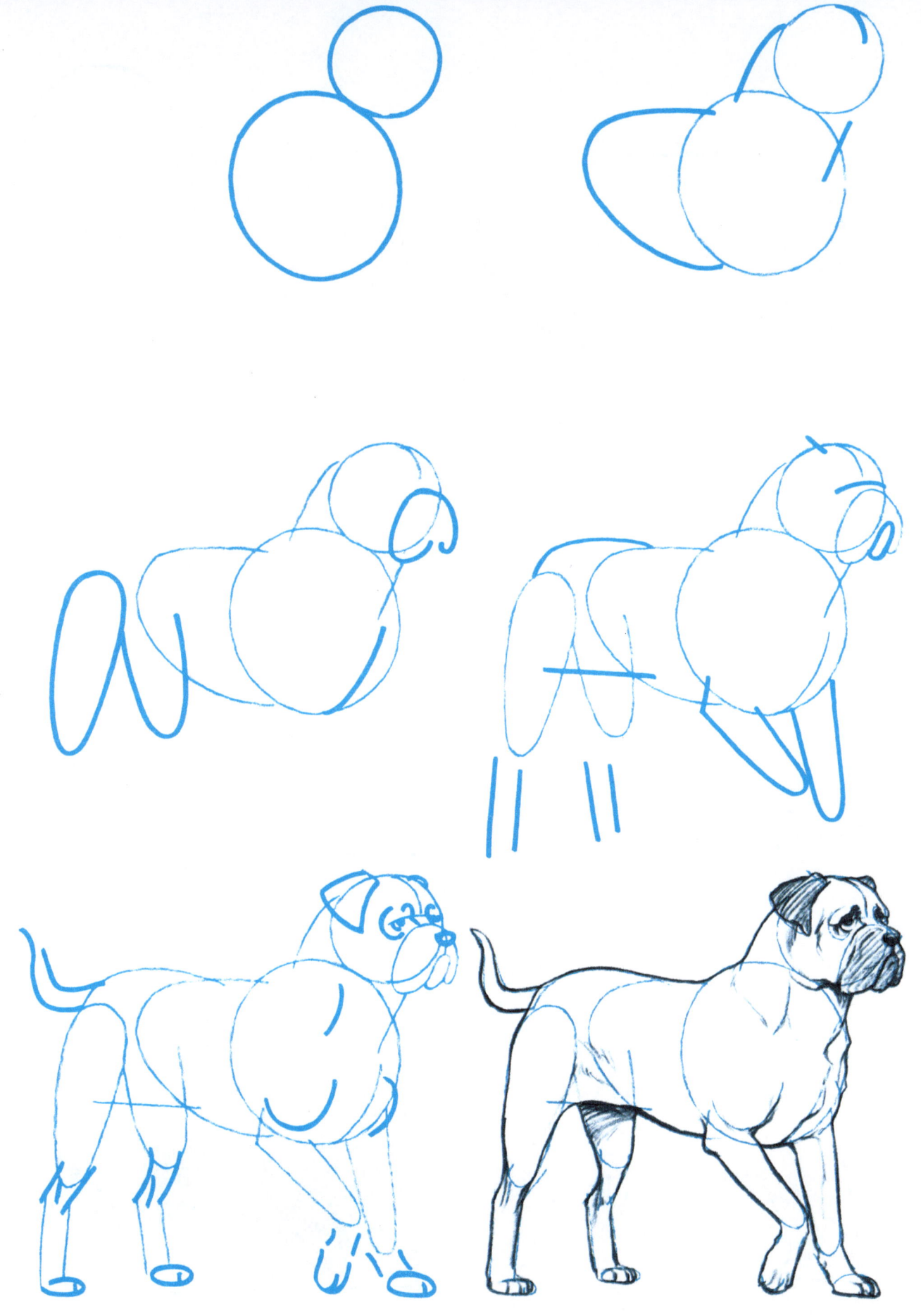

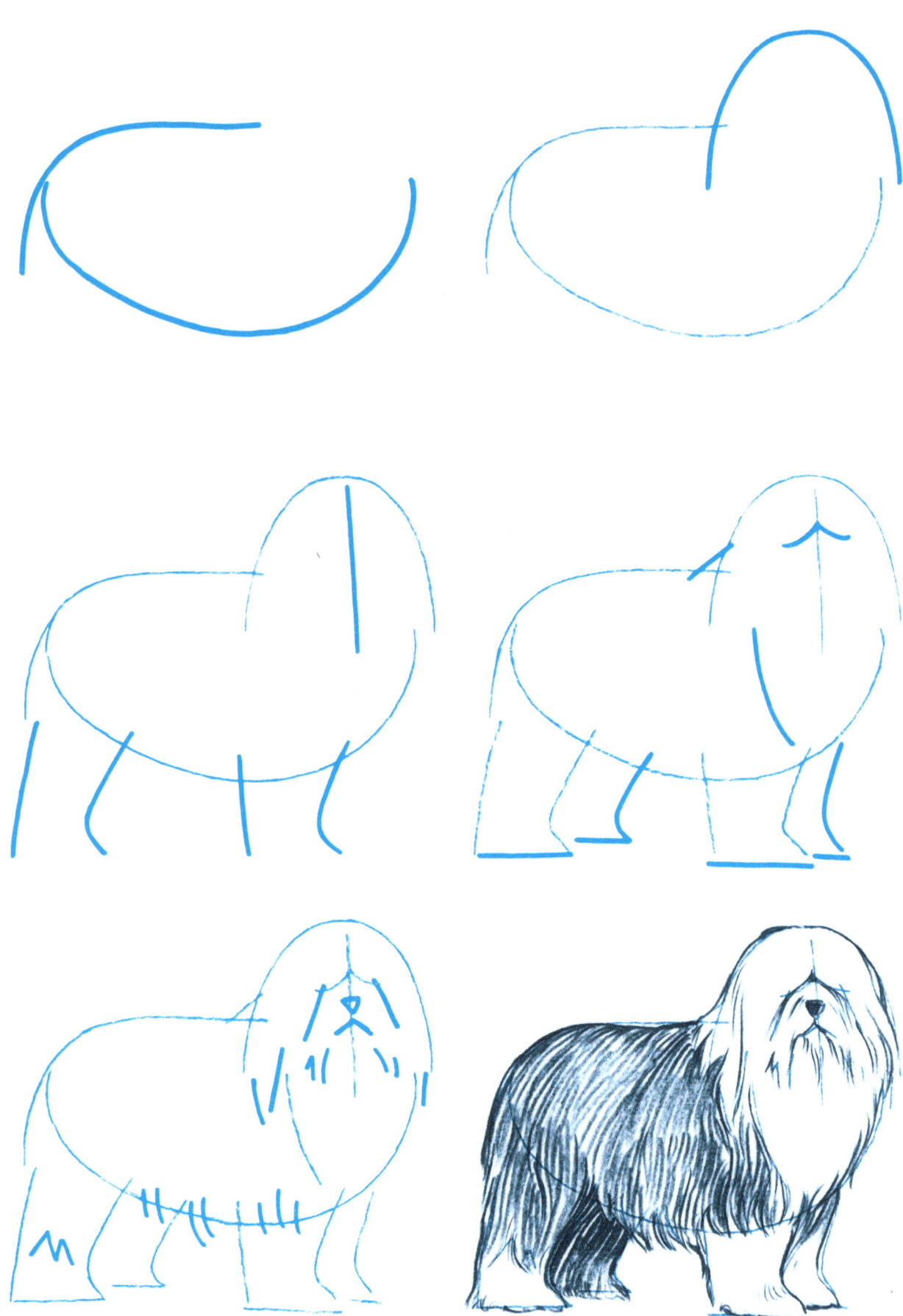

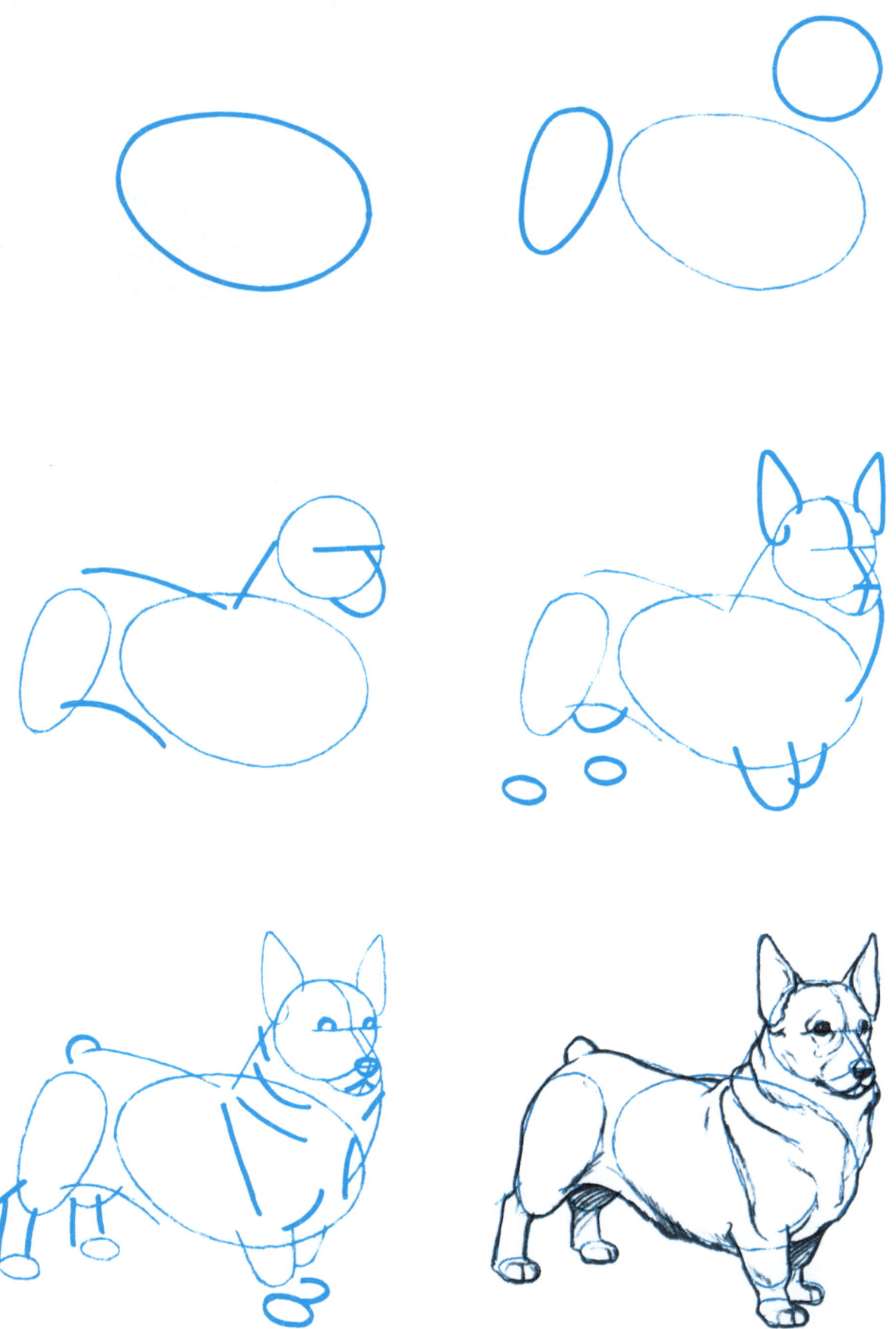

41 Welsh Corgi Pembroke

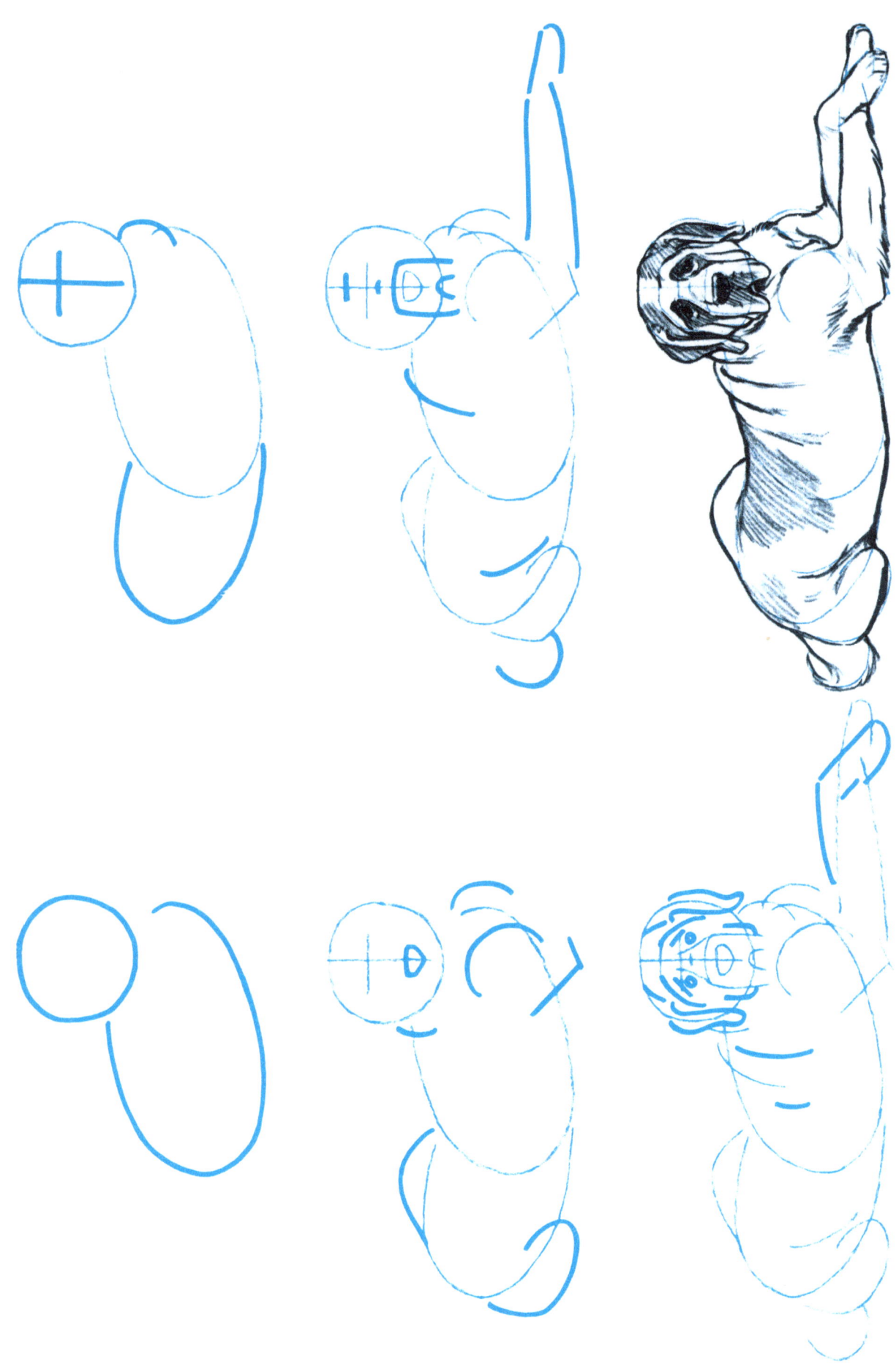

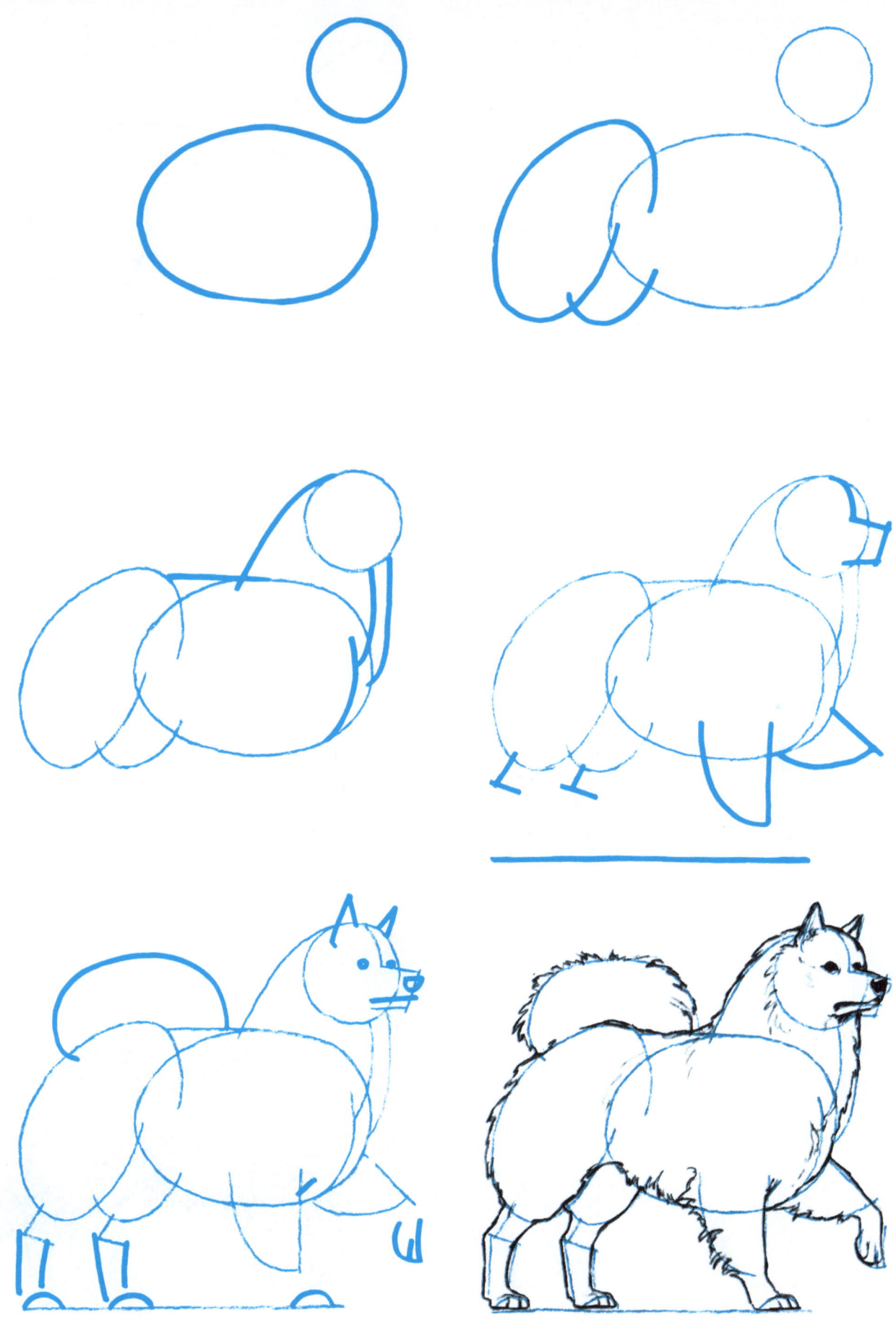

43 Samoyedo

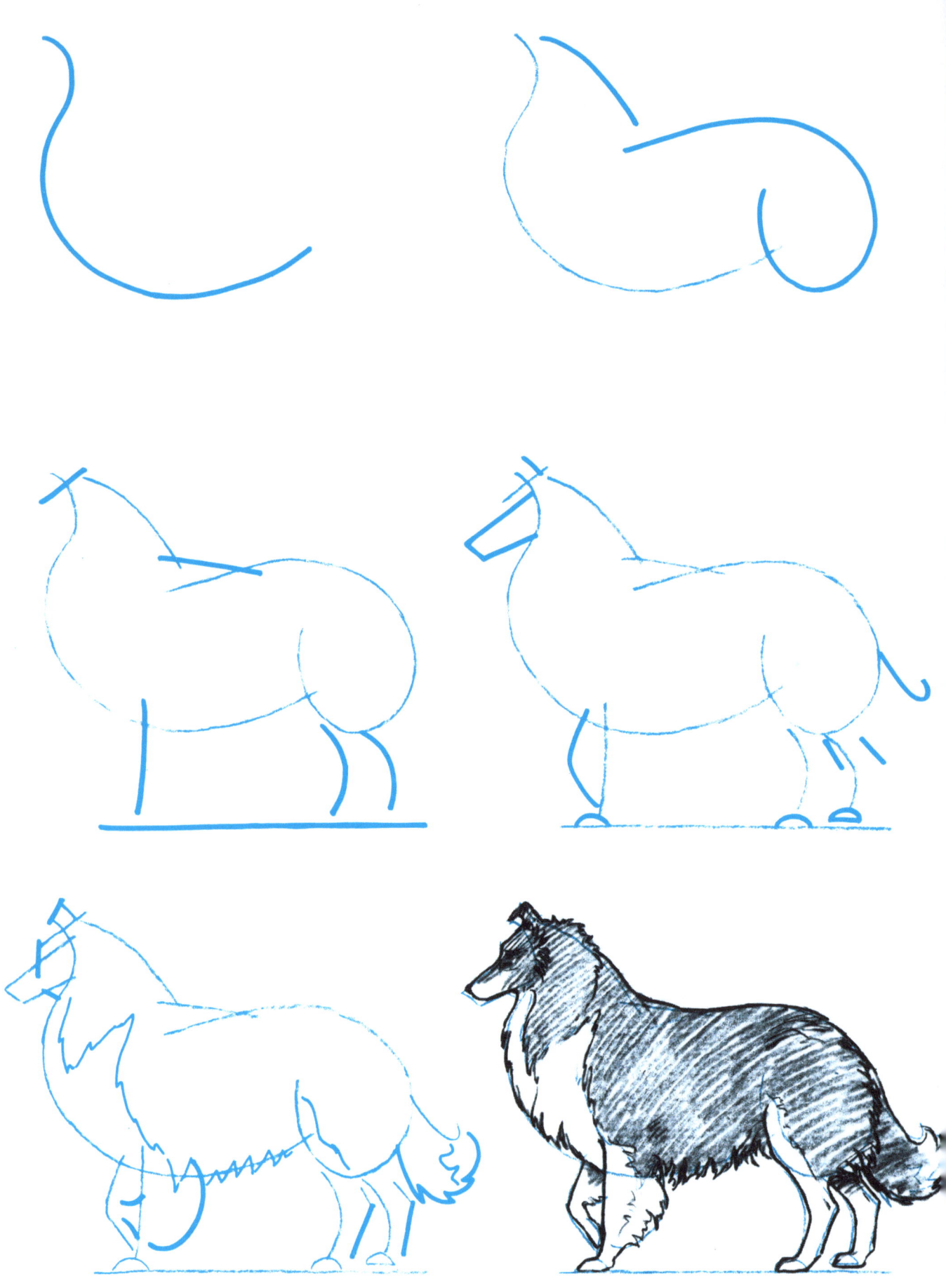

44 Shetland Sheepdog

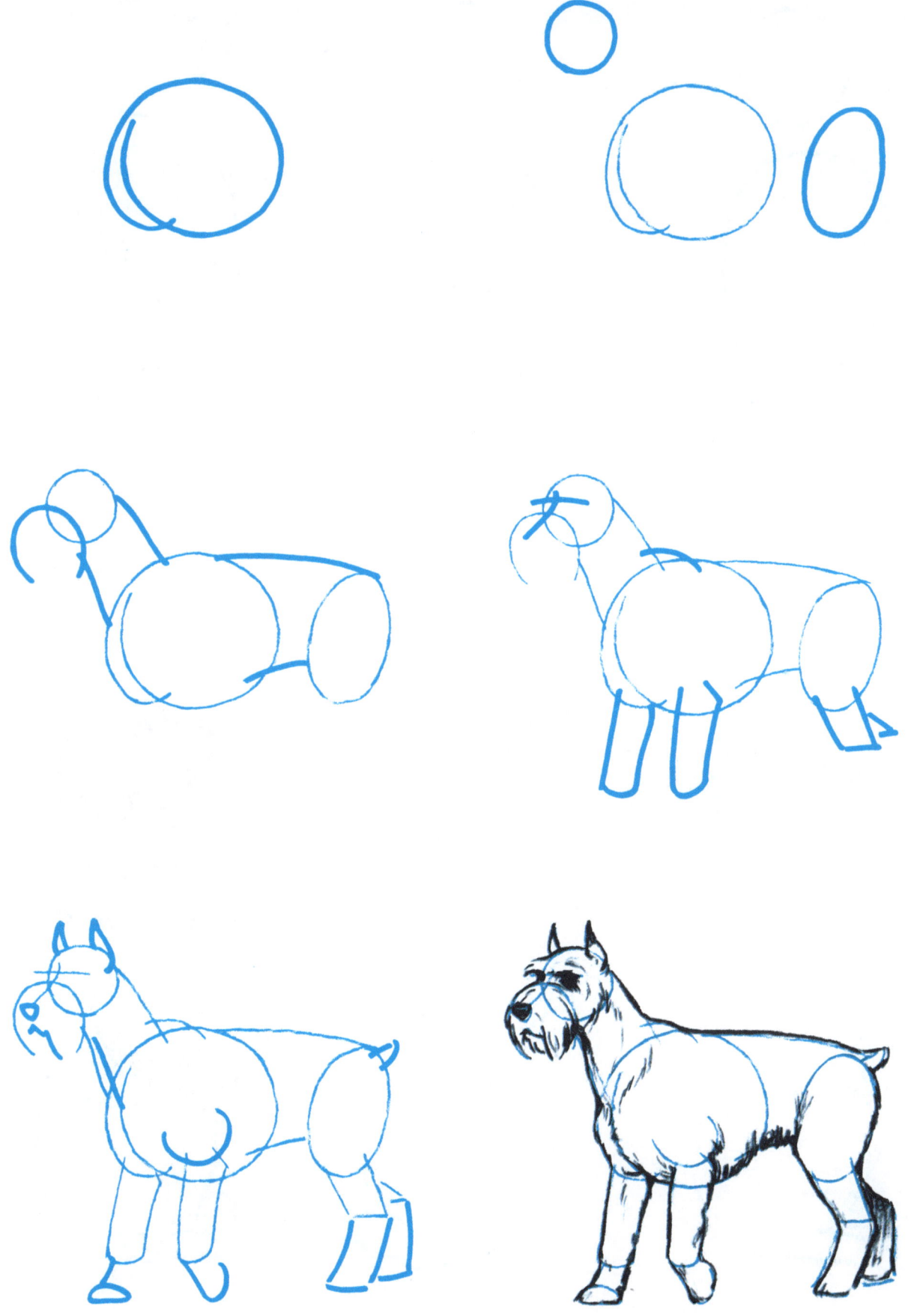

45 Schnauzer Mediano

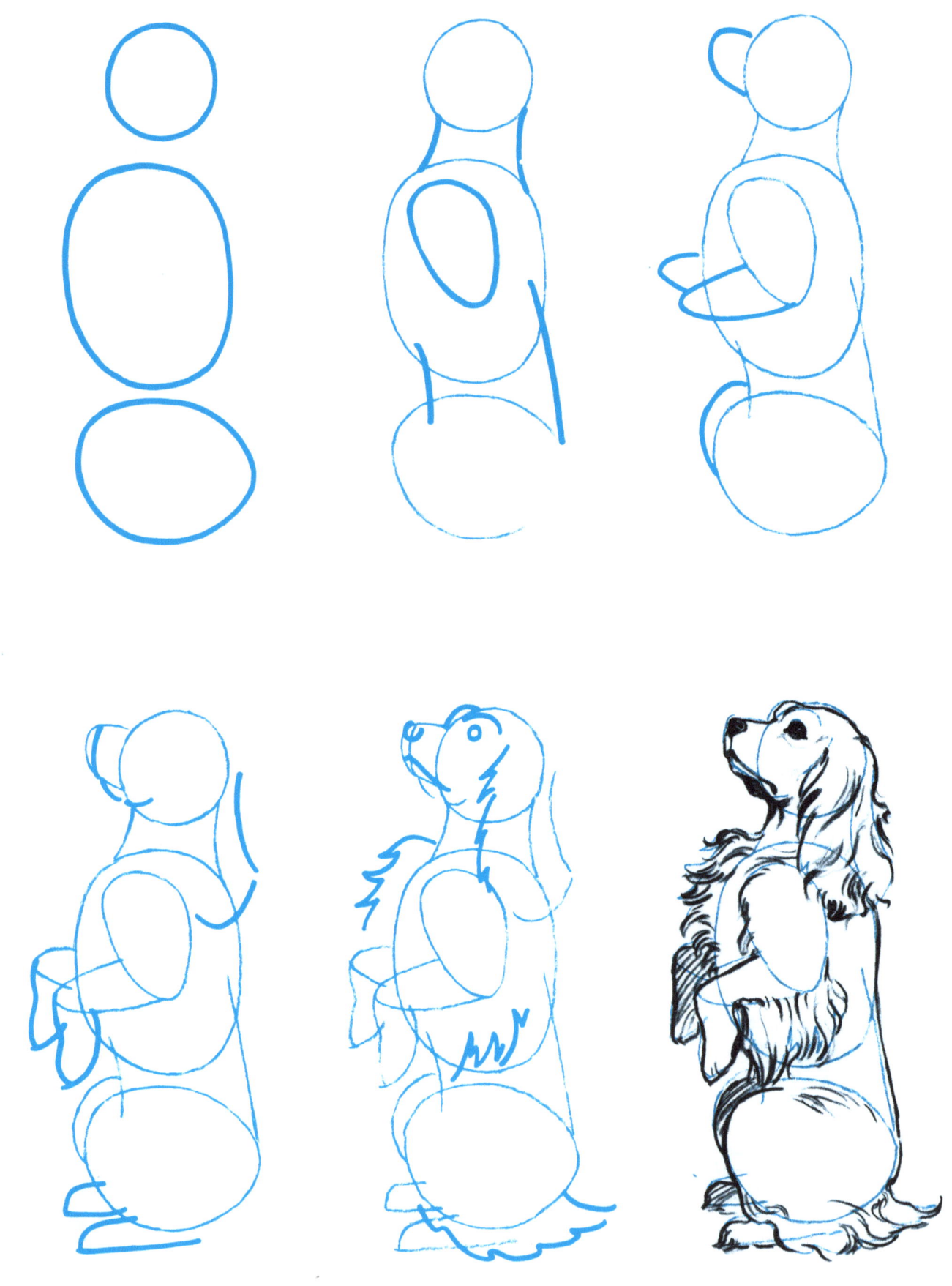

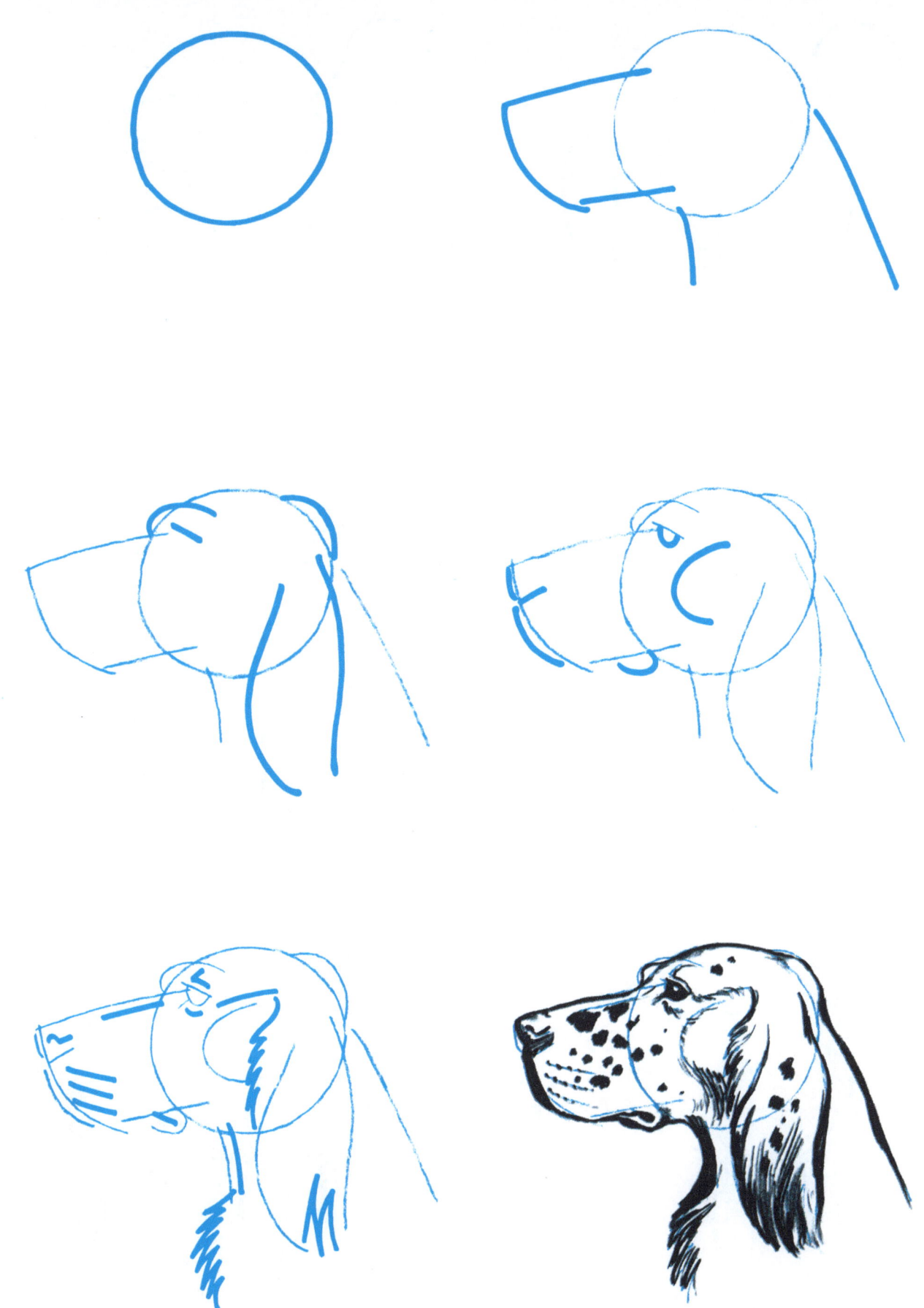

47 Setter Inglés

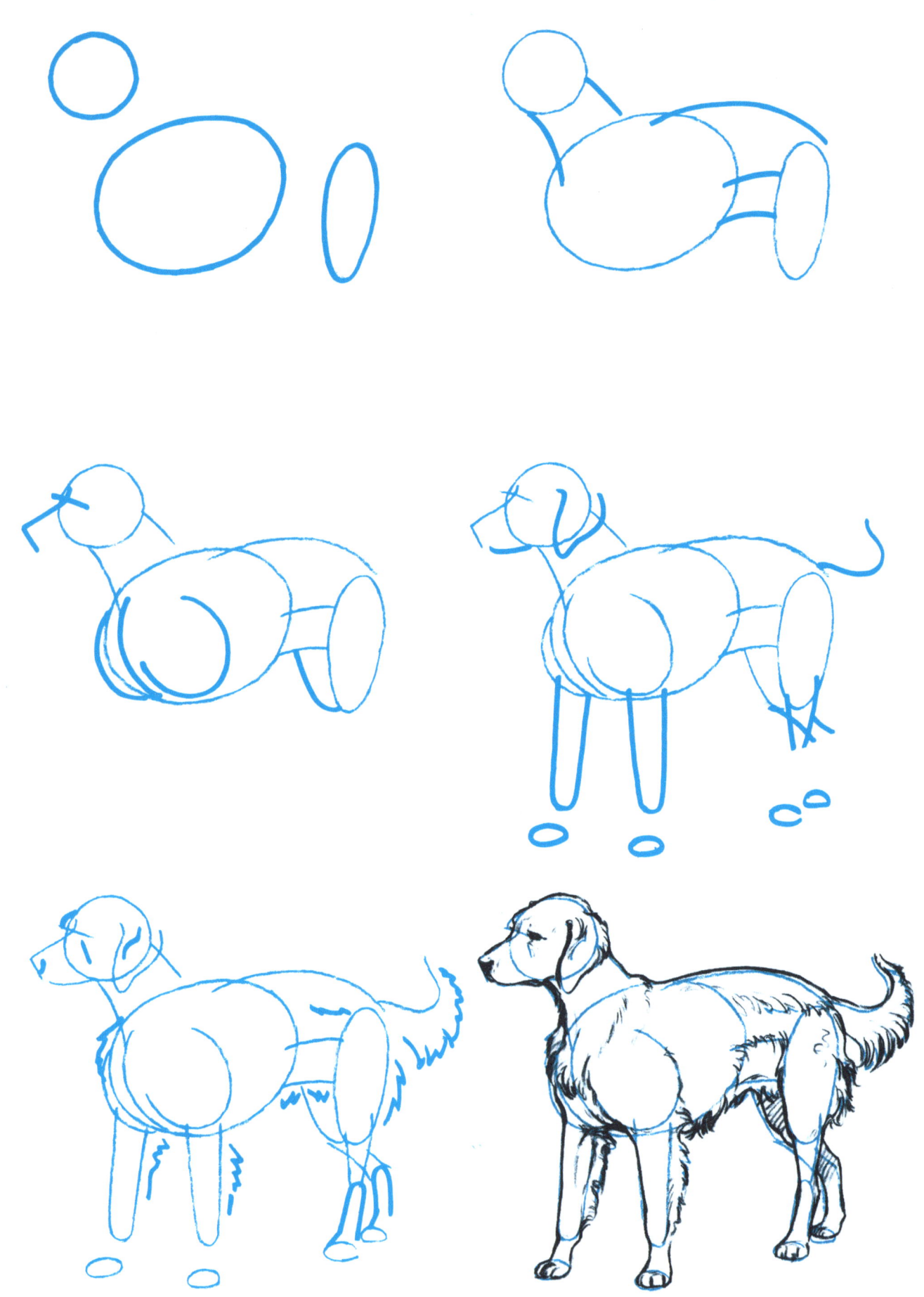

48 Golden Retriever

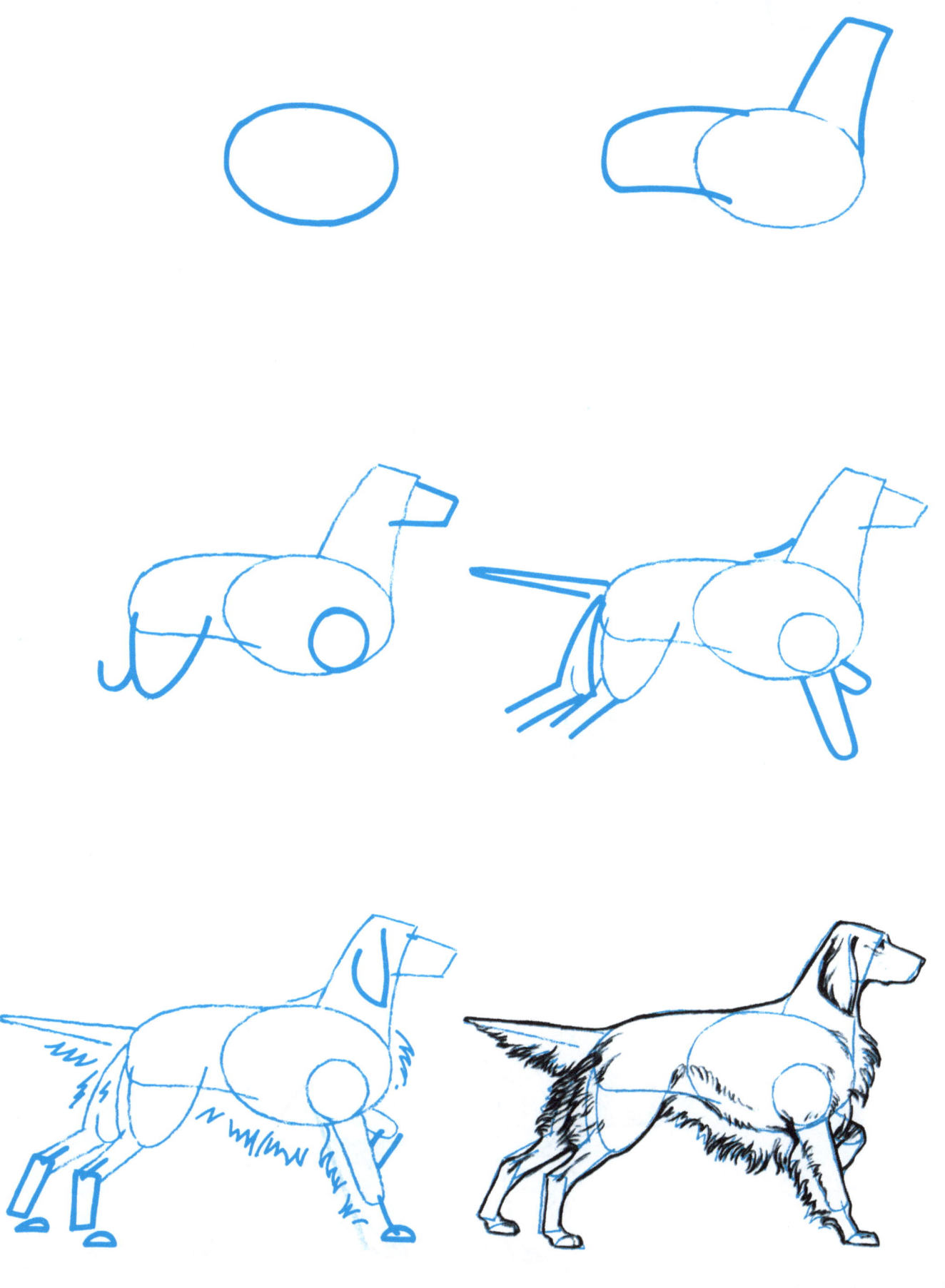

49 Setter Irlandés

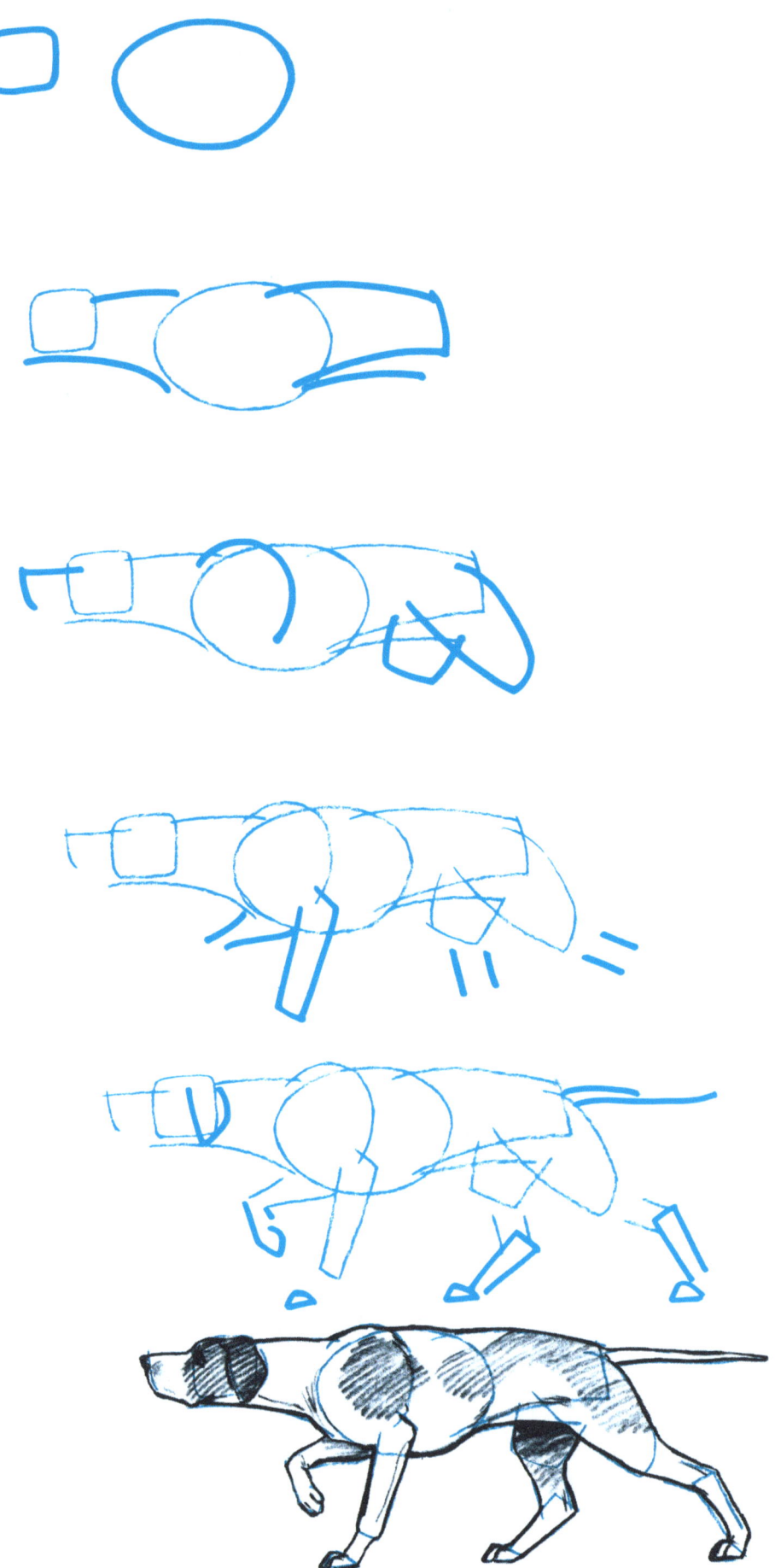

50 Pointer

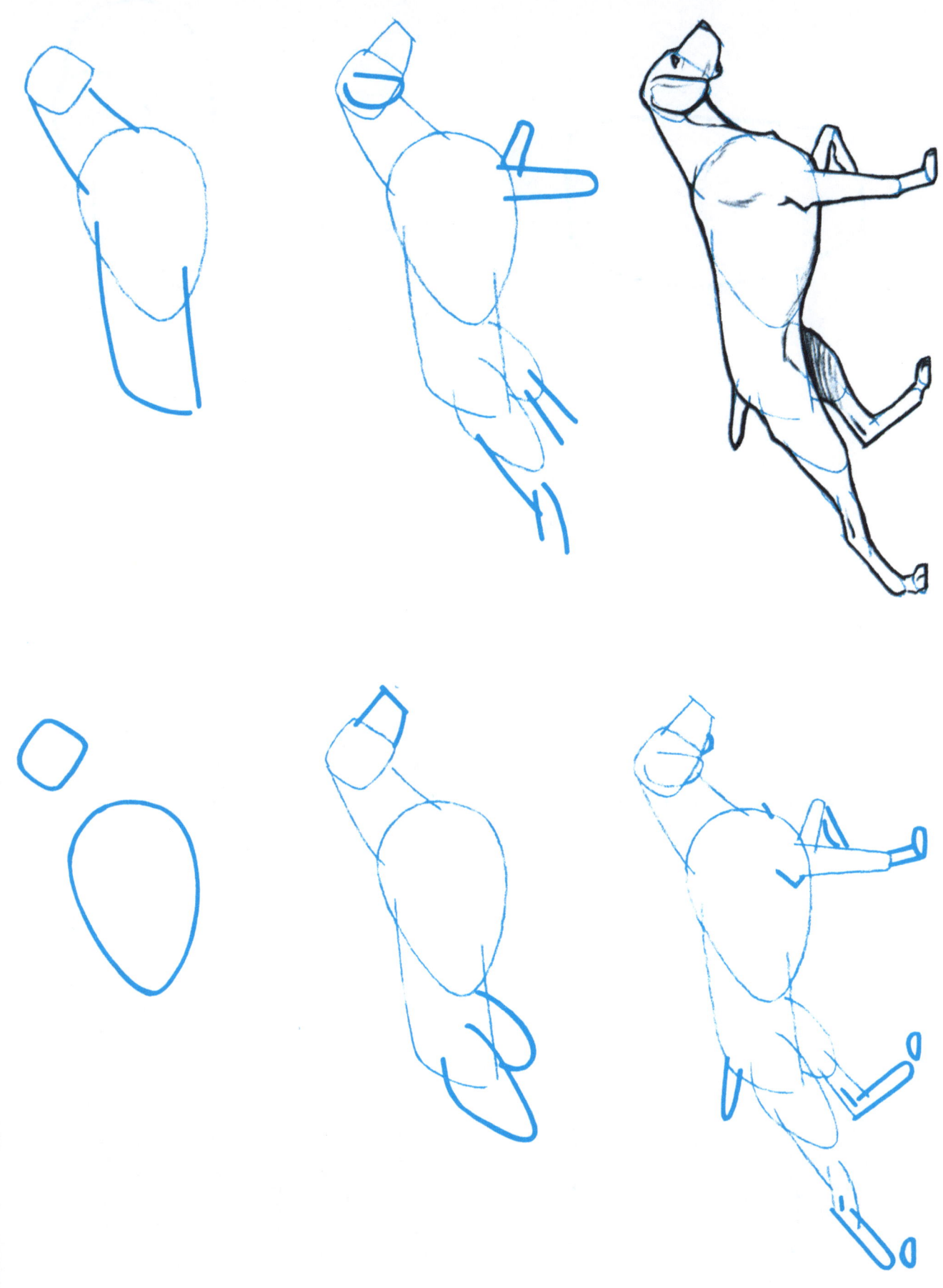

51 Weimaraner

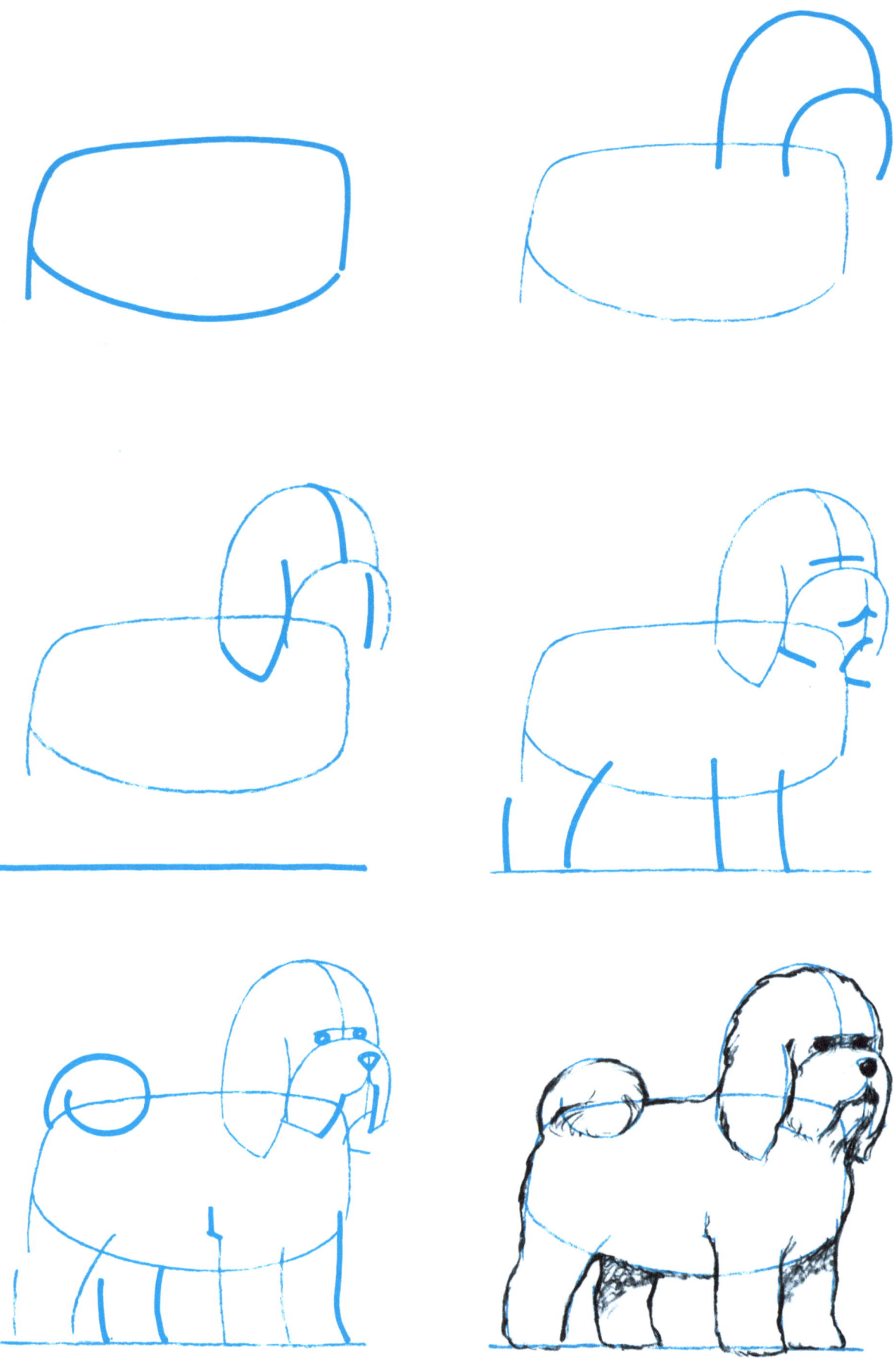

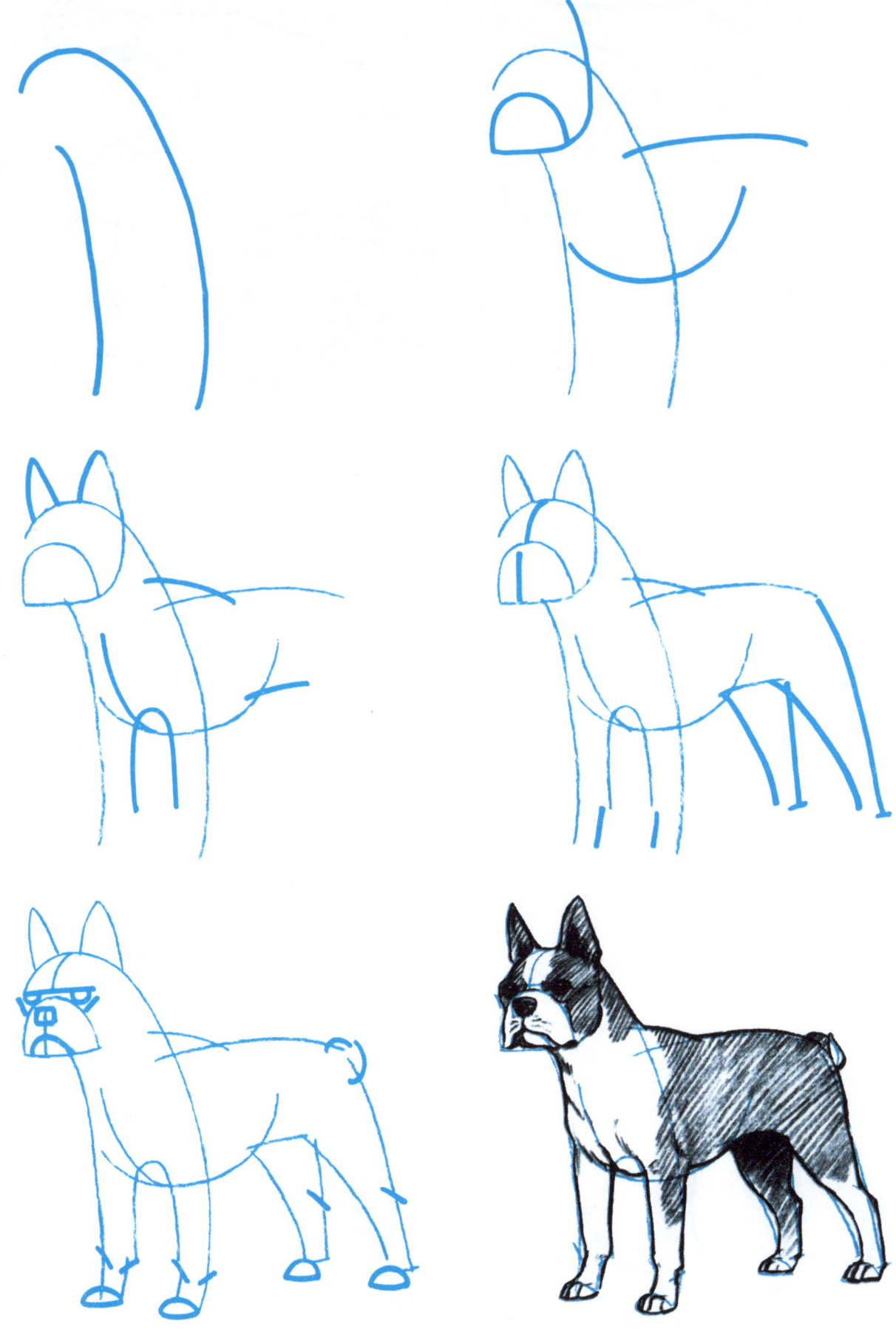

53 Boston Terrier

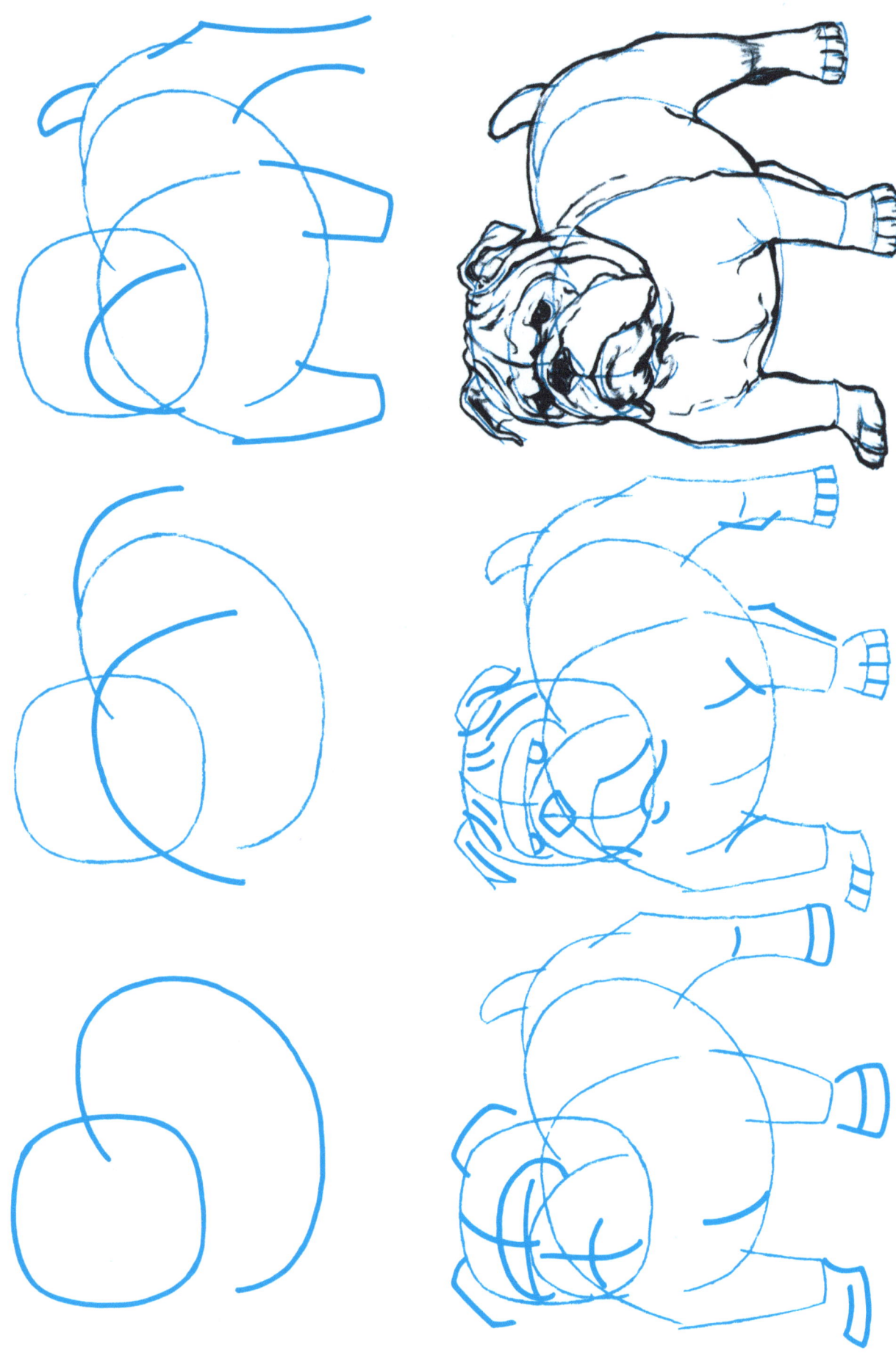

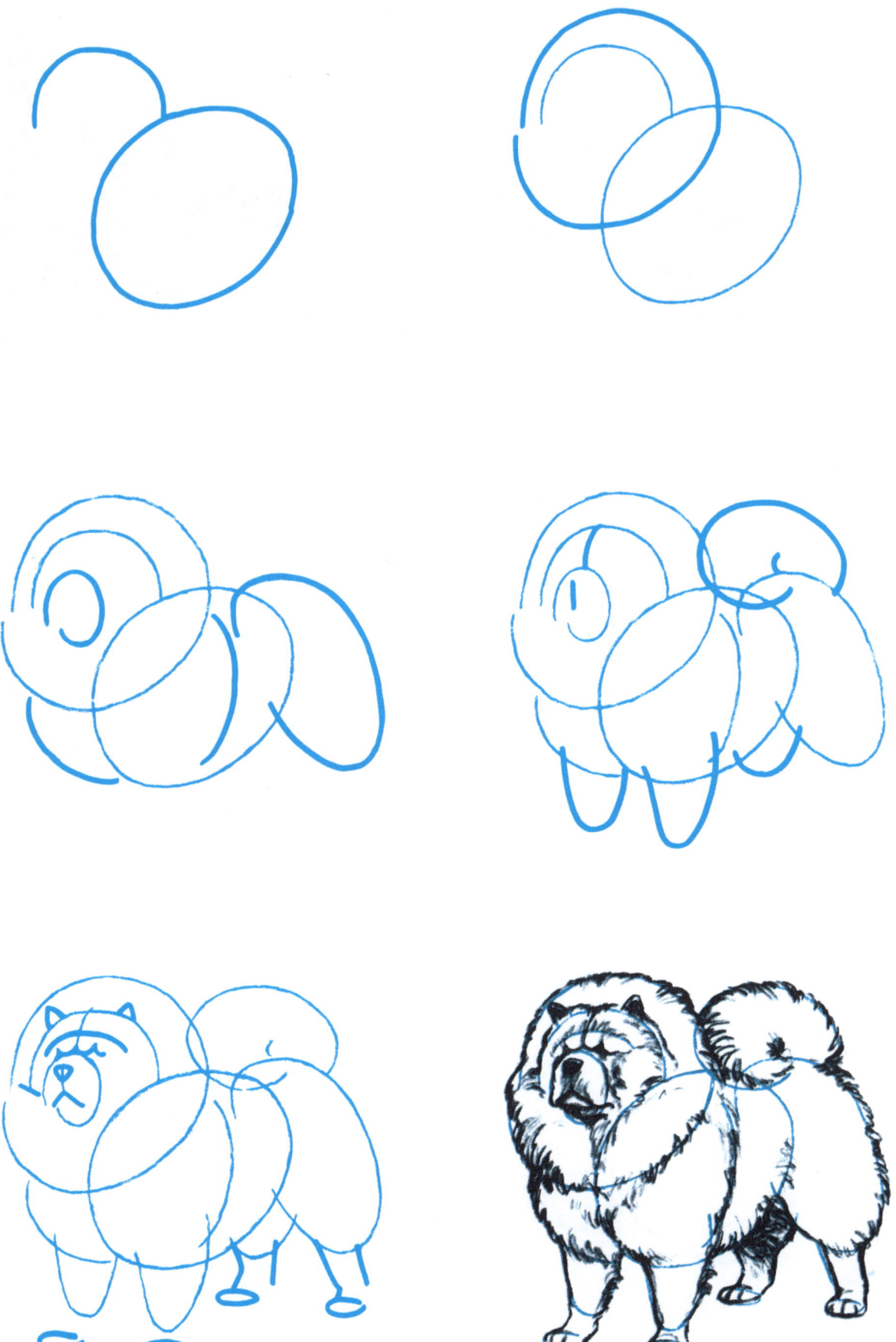

55 Chow Chow

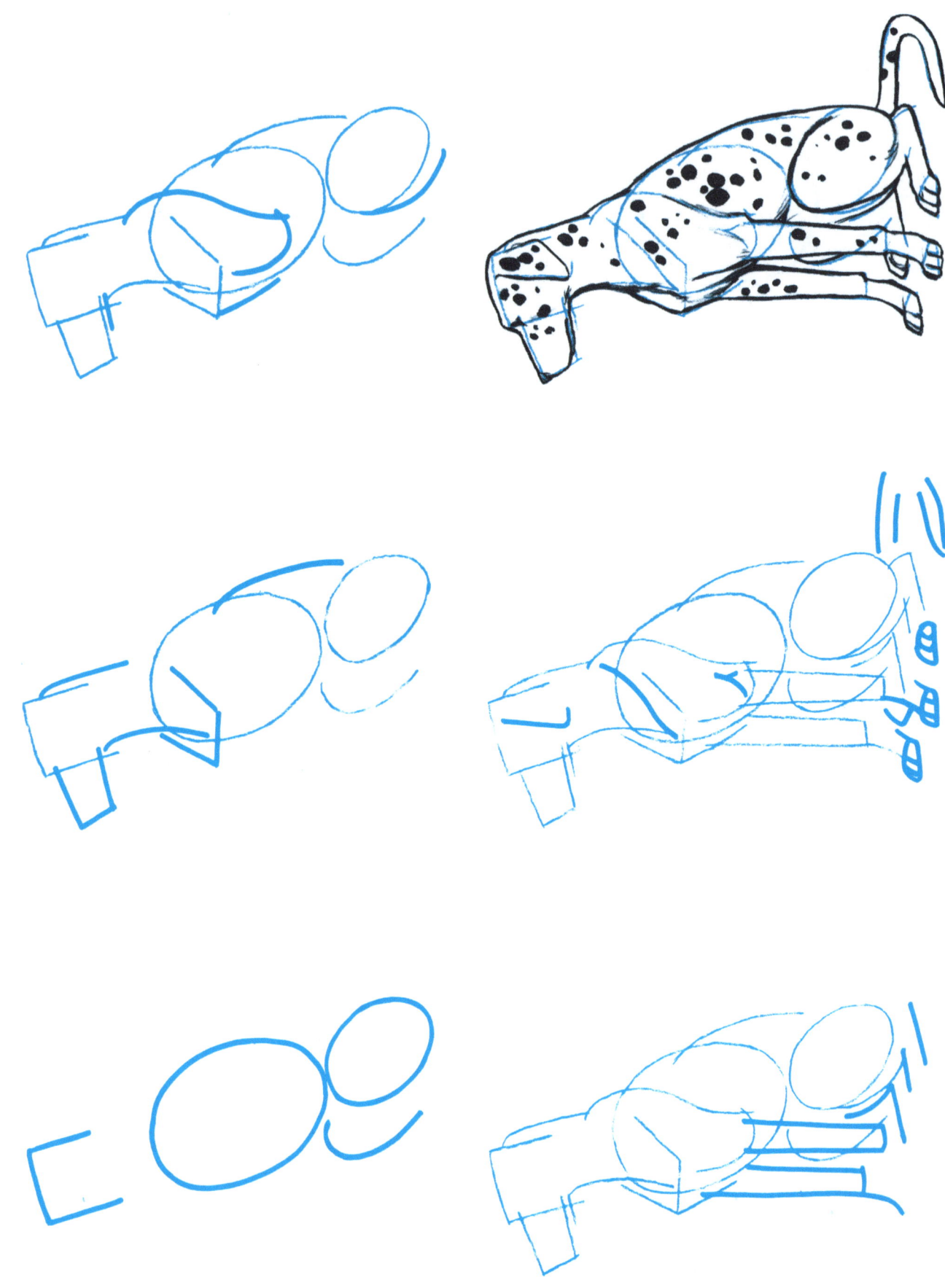

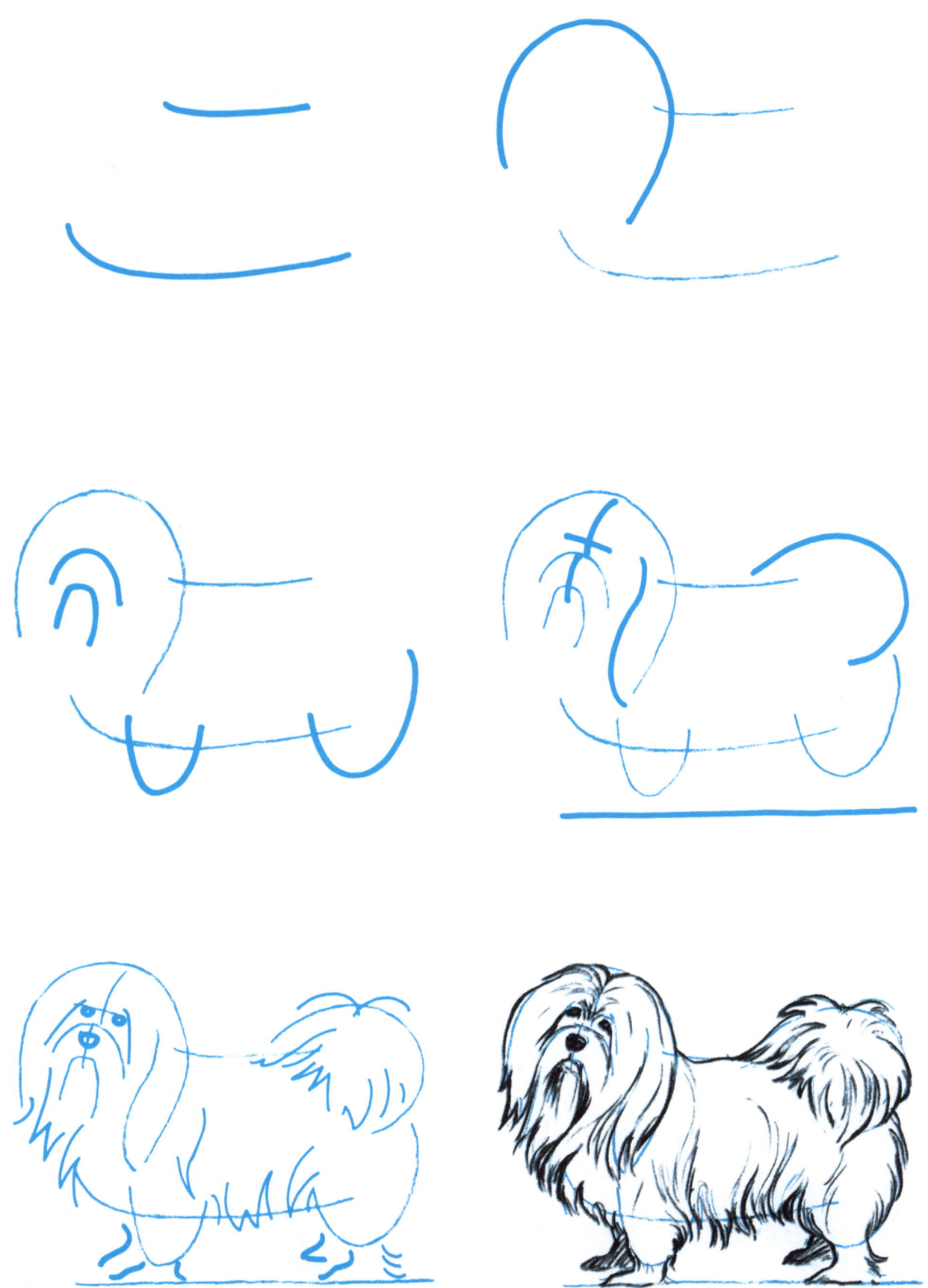

57 Lhasa Apso

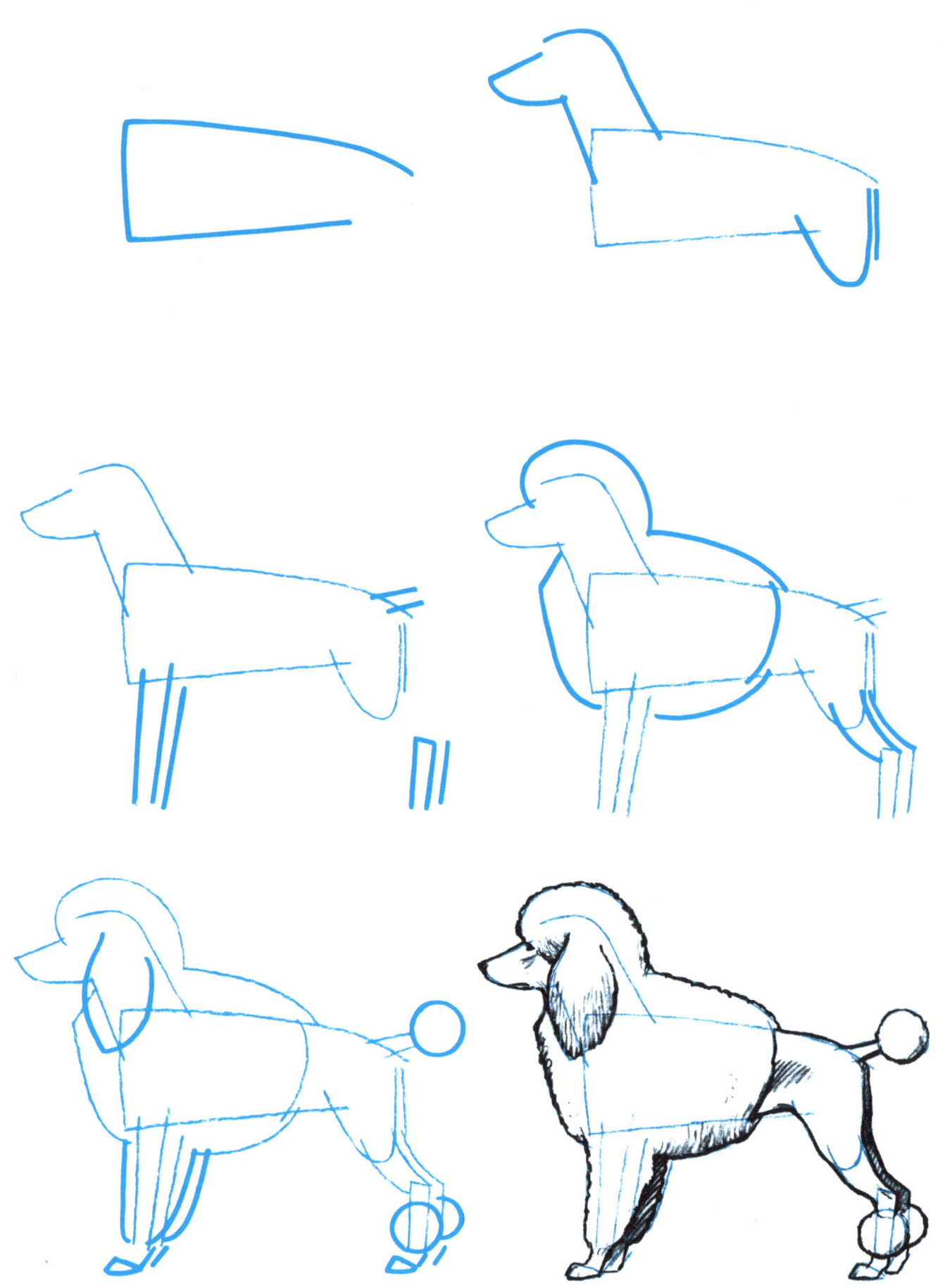

58 Caniche

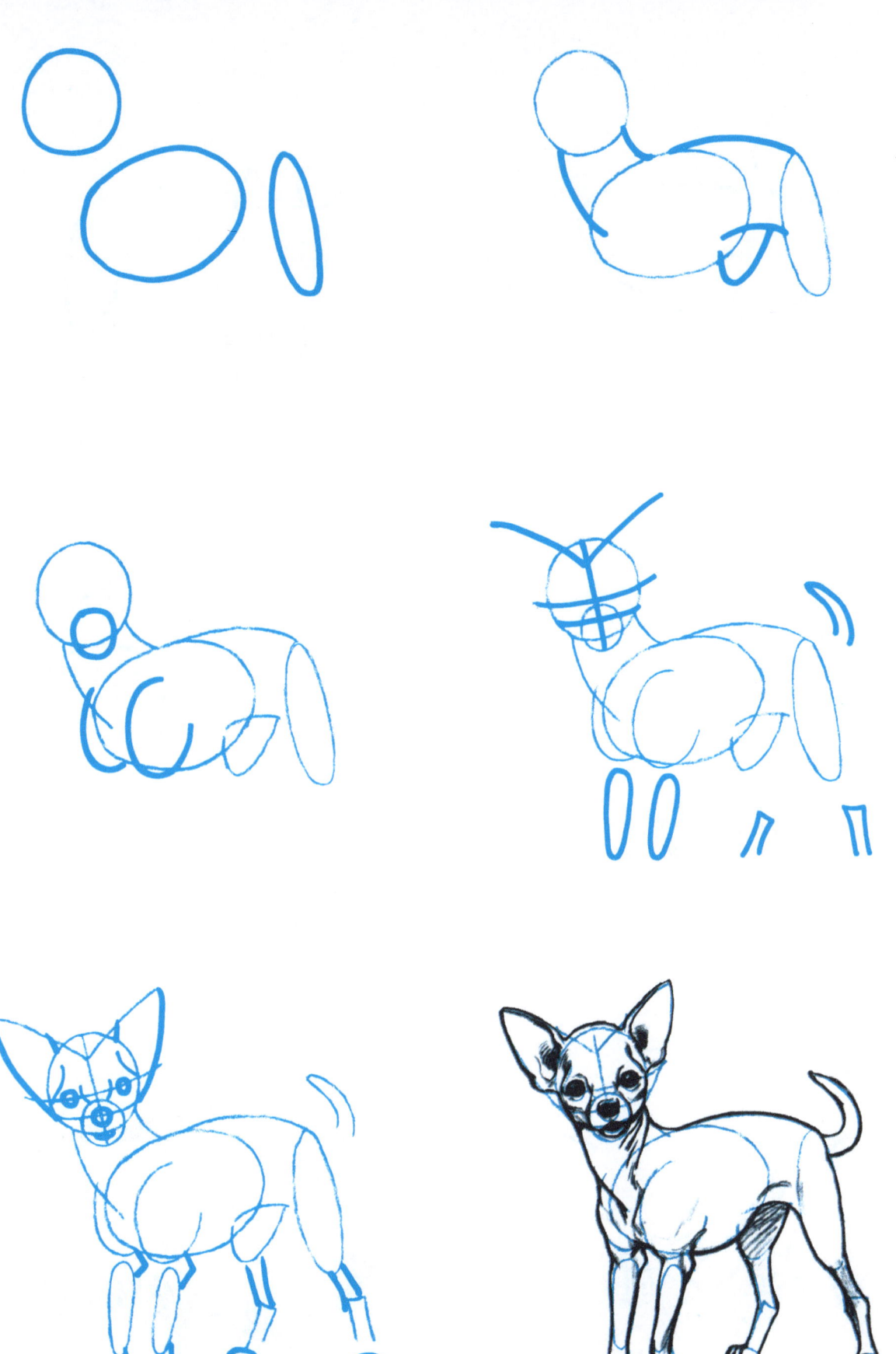

59 Chihuahua

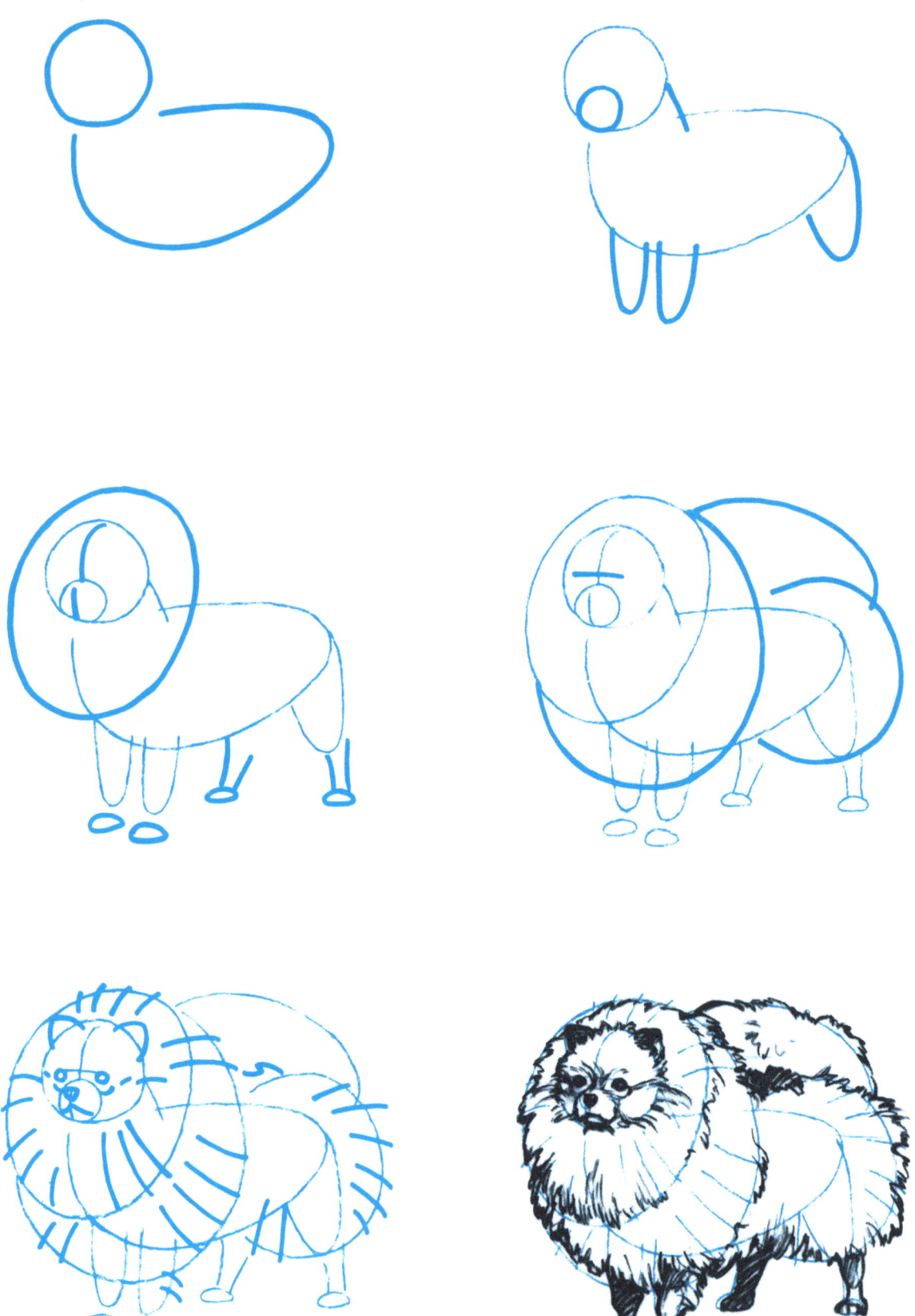

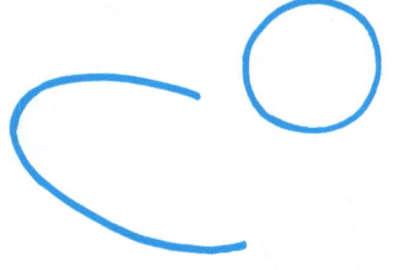
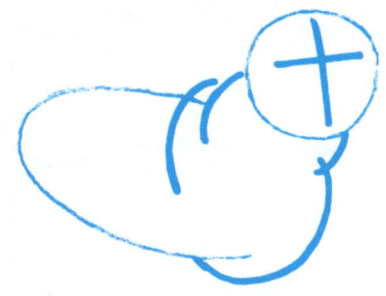
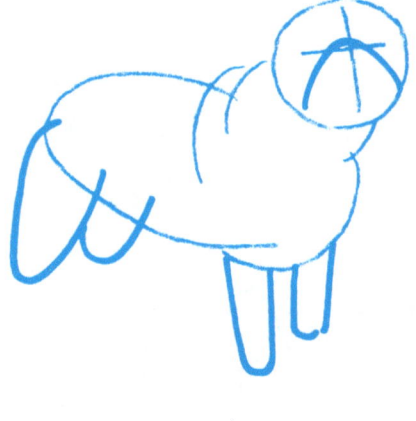
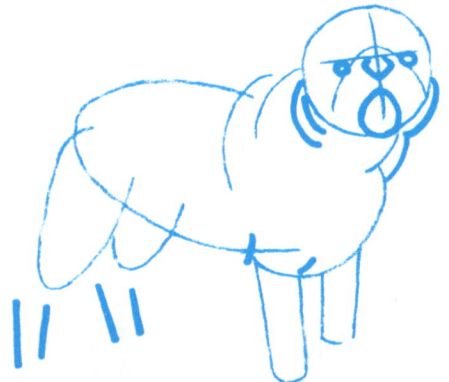
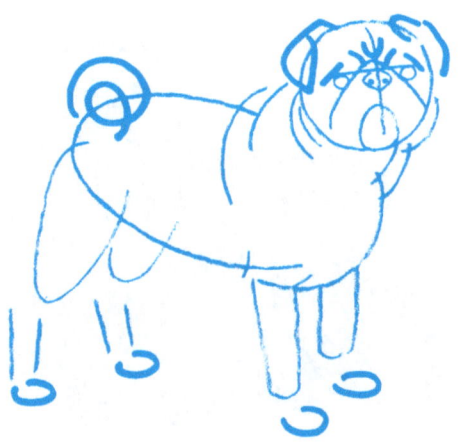
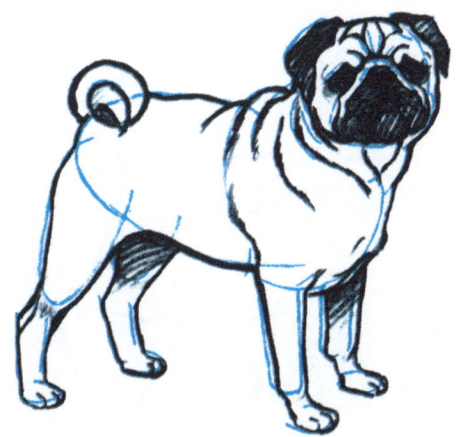

61 Pug (Carlino)

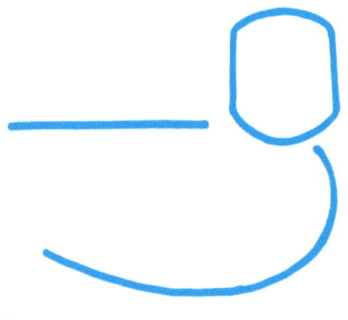
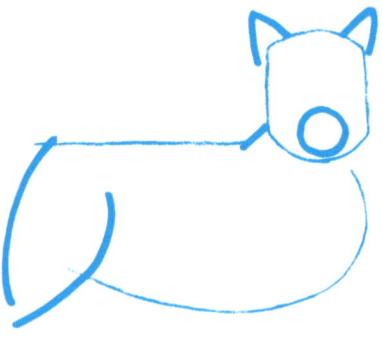
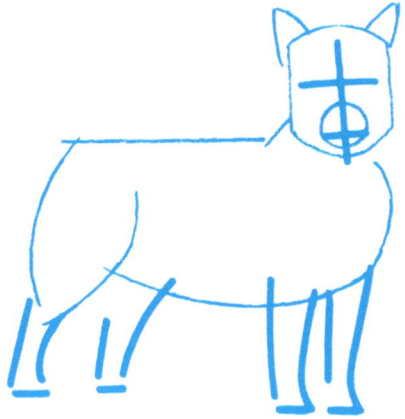
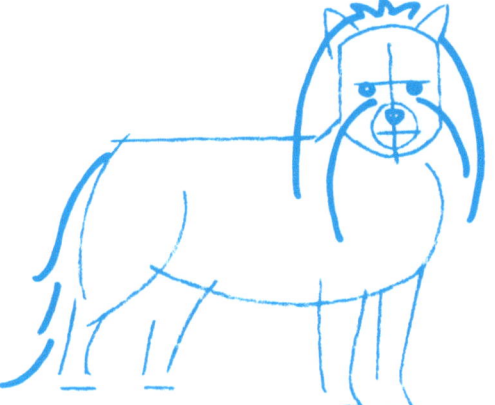
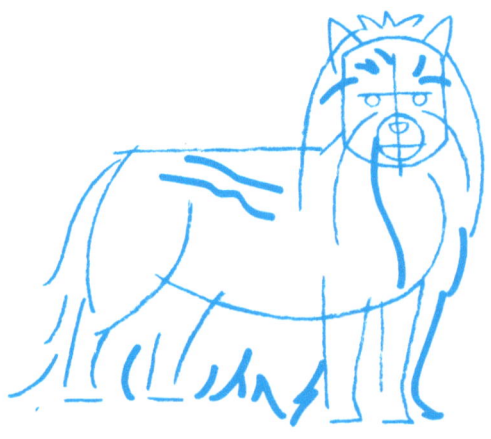
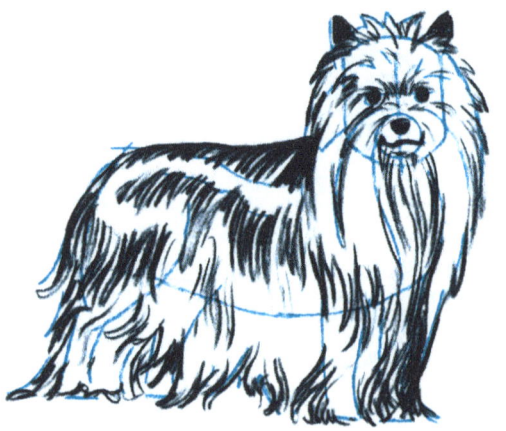

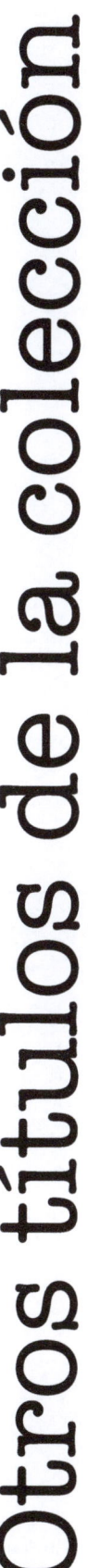

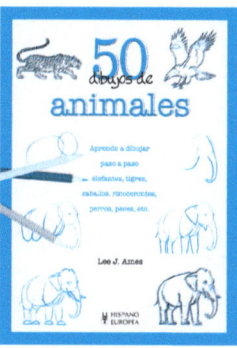

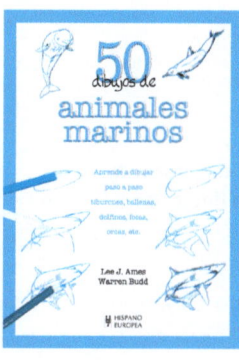

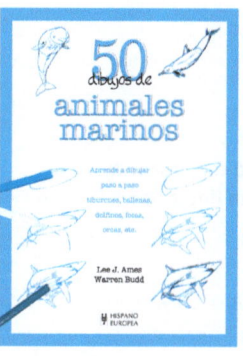

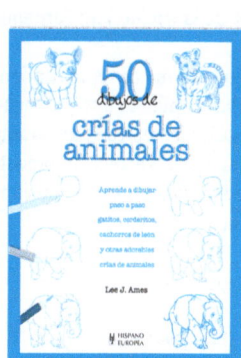

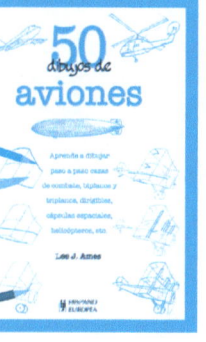

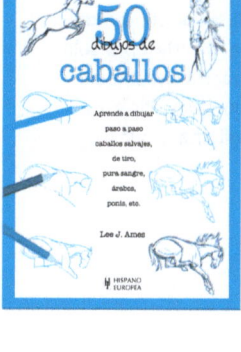

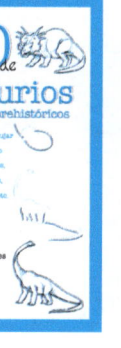

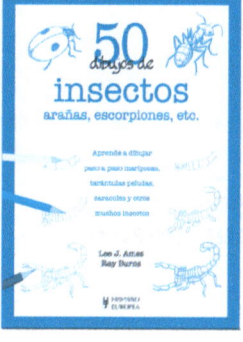

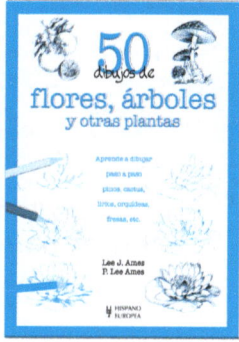

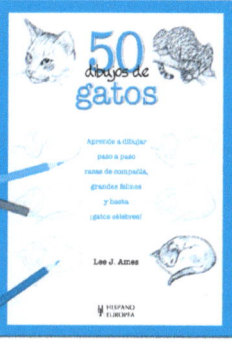

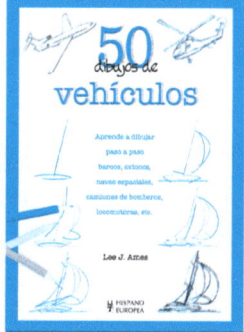

Título de la edición original:
Draw 50 Dogs

Es propiedad:
© Lee J. Ames y Murray D. Zak
Edición publicada por acuerdo con Broadway
Books, una división de Random House, Inc.

© de la edición en castellano:

Editorial Hispano Europea, S. A.

E-mail: hispanoeuropea@hispanoeuropea.com

© de la traducción: Fernando Ruiz Gabás

Depósito Legal: B. 23.570-2013

ISBN: 978-84-255-1734-1

Séptima edición

Consulte nuestra web:
www.hispanoeuropea.com